866年，丹麦的维京人（Vi
由领袖伊瓦（Ivar）带领
越过北海，踏上英格兰
处决了英王爱德蒙，
屠杀百姓，掠夺土地。
北方来的人残忍至极……

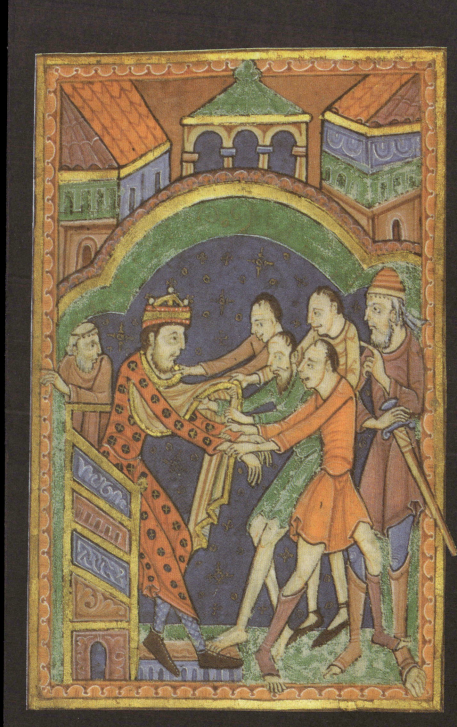

目 录

伊夫·科哈特

1953年生，曾习历史和人种学，是法国国家科学研究中心（CNRS）海洋人类学小组的一员。喜爱海洋，对人文科学也有兴趣。与不同学科的人员合作，研究渔民团体的习俗、技术、战略，以及这些习俗对经济和社会的影响。

张　荣

留学法国，获法国艾克斯-马赛第一大学文学院法国文学博士学位，后任中国社会科学院外国文学研究所副研究员，现任巴黎东部克雷戴尔大学教师，有多部关于法国文化研究的专著问世。

维京人

强盗与水手

[法]伊夫·科哈特　著

张　荣　译

吉林出版集团股份有限公司｜全国百佳图书出版单位

他们来自北方，冷酷而充满敌意。
这些人抢劫修道院，所经过的村庄陷入
血和火的海洋，他们甚至亵渎教会。
从8世纪开始，英国所有的教堂
都回荡着这样的祈祷：
"上帝啊，保护我们逃过北方人的侵袭吧！
别叫我们遇上他们的暴行吧！"
徒劳的祈祷……

第一章
在维京人之前

"维京"这个名词来自北欧的古词"维克"（vik），意思是"港湾""小海湾"。9世纪斯堪的纳维亚人采用了这个词，指的是"海上远征"，古斯堪的纳维亚语中的"narrôn tunga"。

793年6月，维京人劫掠英国海岸的林第斯法恩修道院。这次劫掠标志着维京时代的来临。在这一年的夏季，维京人袭击了贾罗，在诺森布里亚海岸的南方。两年后，另外两个修道院也先后遭劫：苏格兰的艾奥那岛和威尔士南岸的莫甘夫格。797年轮到不列颠群岛的马恩岛遭殃；800年贾罗南部的一个修道院遭劫，接着是苏格兰西岸的一个修道院。这些闪电般的袭击只是序曲，预告一首将持续近三百年的史诗。

此后，维京人更加猛烈、更加频繁地攻击英格兰、爱尔兰和高卢的西部。北方人是如何变成掠夺者，使得整个欧洲害怕呢？为了了解他们的历史，必须追溯到史前时期。

从公元前6000年开始，维京人的祖先就已经乘着简陋的小船，走遍斯堪的纳维亚

在那个时代，随着岁月流逝，气候逐渐温和，覆盖北欧的厚冰层也融化了。由于气候温和，新的土地出现了，土地上起初长满了苔藓，后来成了森林。北方的游牧民族穿梭于挪威峡湾、丹麦的600个岛屿，以及瑞典无数的湖泊和河流之间。他们为了寻找更多的猎物，甚至冒险来到远海捕捉海豹和鲸。

当时的北欧人已经会制造轻便的独木舟。这些轻舟便于运送，也很容易拆卸，是用浸过油或鲸油的

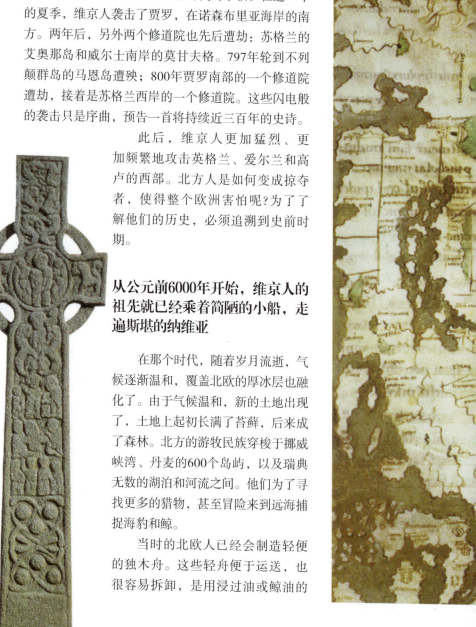

尽管这幅盎格鲁一撒克逊地图不算精确，它至少反映出斯堪的纳维亚先民所遇到的困难处境。斯堪的纳维亚地区面临北海，到处是深峡湾、险恶的山峦，山上覆盖着难以穿越的森林，陆上交通十分不便。因此，商业很自然地在山谷、出口、河流、沿海地区发展起来。虽然困难重重，维京人仍占据了大部分斯堪的纳维亚地区：整个丹麦——除了沼泽地区和日德兰半岛；挪威的大部分地区，高山地带不算；瑞典的南部——住不了人的大森林除外。

圣马丁十字架，6世纪（左页图）。维京人抢劫爱尔兰的圣高伦邦修道院时窃得此十字架。

桦木造的，可以防止被海水侵蚀。这些桦木用细皮带圈紧，并把纽结用海水浸湿，才不会松开。船的骨架上铺着用粗线缝合的牛皮。

公元前4000年左右，斯堪的纳维亚的大部分土地上都是森林。针叶树、橡树、椴树等是当时的北欧人造船的材料，他们用石斧和石锄造船，技巧纯熟。

接着出现了从事农耕的民族。他们训练驯鹿做粗重的工作，驯鹿的肉和奶又是人们的食物。人口逐渐增长，人们开垦土地，播种，收割。他们用简陋的陶器烧食物，这些农民和手工业者吃很多鱼和贝类。木头和大海构成这个北欧文明的重心。

公元前3000年，青铜器出现，加快了工具制造业的发展。从此以后，人们运用精湛的技艺，打造金饰和青铜首饰，编制纯羊毛织的衣服，制作剃刀和拔毛钳。

罗马帝国瓦解，西欧的封建制度逐渐形成。此时，北欧人发动攻击

罗马帝国崩溃，亚洲和欧洲的部族趁机扩张。这是日耳曼人的铁器时代，推算起来，也是斯堪的纳维亚人的铁器时代。大规模的迁移出现了：祖籍丹麦的英格兰人和朱特人来到布列塔尼定居。丹麦国王高奇莱古斯515年远征西欧，在远征中命丧黄泉。

这整个阶段预示着维京时代的开始。这时，斯堪的纳维亚人已经建立了商业关系。位于瑞典斯德哥尔摩附近的小岛海尔约就是个重要的商业中心，手工业者在这儿炼铁和青铜，动物皮和毛皮的交易热络，有利于与欧洲的贸易往来，往来的地区主要是西欧、英国和东波罗的海。

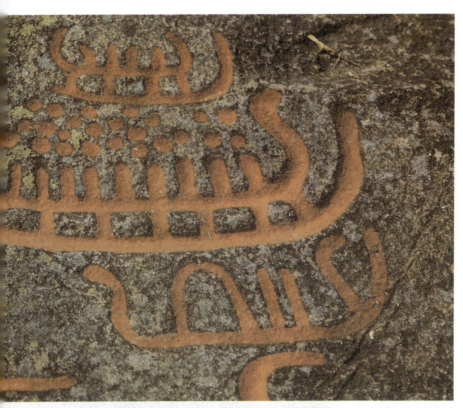

在这片水土相连的地方，船是斯堪的纳维亚人主要的交通工具。船的发展经历了漫长的阶段，逐渐有了龙骨和桅杆。船是维京人得以扩张的决定性因素。

8世纪，瑞典、挪威和丹麦还是边界模糊的国家

维京人来自瑞典、挪威、丹麦，在最初的远征时，始终是唯一的斯堪的纳维亚民族。维京人说同一种语言——古斯堪的纳维亚语，都在偏僻的农庄里过着艰苦的生活，信奉同样的神。

他们的吟游诗人吟哦同样的诗，赞颂共同的祖先。后来，他们向各地攻掠，渐渐有了瑞典维京人、挪威维京人、丹麦维京人的名称。7世纪，高塔人和斯维尔人融合，建立了瑞典。对高塔人我们几乎完全不了解，不过，我们知道多数的斯维尔人住在乌普萨拉，离现在的斯德哥尔摩不远。两个民族由同一个国王统治，国王是乌普萨拉皇族的后裔。斯维尔人建立了一个强盛的海上王国，拥有利润可观而繁荣的商业。后来，哥特兰岛归并，新的国家因而形成。哥特兰岛贡献财力，促成中世纪瑞典的强大。

在9世纪以前，挪威还不算真正的国家。尽管确有许多人在挪威生活，但大片的荒漠将他们隔开，每一部落组成一个小王国，

由一个小国王或大庄主统治。从6世纪开始，有人尝试统一各部落，一直到9世纪末，美发的哈拉尔德国王才统一了挪威。

在丹麦，前维京时代的考古发现非常少。不过，还是可以在丹麦东部，发现不同时期的宗教建筑，如在西兰岛、斯科讷和博恩霍尔

这块雕了花样的石头，是在瑞典的哥特兰岛发现的，从5世纪开始，石刻艺术就在此发展。图案很简单，通常是带状的装饰框缘或几何图案装饰。石刻上的内容一般是表现传奇中的场景，旁边这个石刻就是个例子。这块石刻所反映的，是维京人之前的瓦尔哈拉神话世界，图案刻画细腻，足以说明8世纪维京人的文明。船和武器都雕刻得很精细。

姆。另外，在800年时，戈德弗雷德国王向查理大帝进攻。因此，我们知道那时丹麦已经是王国，而且由英勇的战士领导，侵略西方的神圣罗马帝国。

9世纪，维京人真的出现了，他们乘船出海，袭击了整个西方世界

8世纪末，斯堪的纳维亚只有两百万居民。从9世纪开始，人口增长，原因有几个；一方面是气候改变。气候变温和后，农作物的收获增多，人吃得饱，吃得好，变得强壮。老人的死亡率和冬季新生儿的死亡率降低了。所以，几年后，斯堪的纳维亚的土地就显得太狭小了。人口的增长还与维京人的传统习俗有关，维京人是多配偶制，因此孩子特别多，年轻人不得不到别处谋生。此外，维京人还有个与法律有关的传统：法庭判处犯人流放。人口增长及流放犯人的传统，促使维京人到海上去，到故乡以外的地方去碰运气。

这些社会学资料并不能解释一切。维京人本来就是一个勇猛的民族，喜欢冒险，爱好游历，也是一个贪财的民族。

11世纪，在离维京人的海岸不远的地方，开了一条商路。商路的中心经过弗里西亚（现在的荷兰）的港口和莱茵河谷。这条商路成为北欧商业往来的十字路口。就在商路附近的维京人，深受这些商品吸引，到后来成了强盗和掠夺者。

瑞典中部有两处遗址——乌普兰的旺代尔和瓦尔斯耶德，提供了维京时代之前，斯堪的纳维亚人的生活景象。在这些遗址中，发现了许多7世纪的石雕，也有厨具、动物骨架和全副军用装备，包括漂亮的铁盔。图里的铁盔是从瓦尔斯耶德挖掘出来的，铁盔上半部刻成一块块的长方形，下半部是铁丝环。鸡冠状盔顶饰和面甲是青铜铸造的。一个世纪后，当维京人开始征服世界时，他们的装备轻便多了，也比较好用。

11个世纪的沉睡

这艘柩船发现于1930年；翌年，从奥塞贝格的一个坟墓中挖掘出来，奥塞贝格属于挪威西福尔郡。船被用缆绳系在一块岩石上，下面是黏土。船上覆盖了一层厚厚的石头，石块上还有一个泥炭堆。这个保护层阻隔了空气，使船不会被腐蚀。草和植物都完好无损，但是船身（不包括桅杆等）在石块重压下破碎了。船头被盗墓者破坏，用斧头在墓里开出一条路。骨骸散在四处，珍贵文物都被偷走。这艘船是800年造的。

出土的珍宝

　　从奥塞贝格挖掘出来的船支离破碎（左页图）。船碎成两三千块碎片。但橡木本身还是很坚实。为了把船重新拼起来，造船的工程师只好测量每一块碎片。木头烘干后仍可以恢复成最初的样子。固定船壳的所有铆钉都已拔掉，船身用这些所谓的"铸模"木头再造起来。这艘船在一个临时船坞里造好后，就运到奥斯陆附近的维京船博物馆。

　　1880年，在墓穴里发现一艘保存完好的船。这座墓位于西福尔郡的果克斯塔。墓穴很深，都是蓝黏土，有利于保存木头，这艘船保存得很完整，只缺艏柱和船尾。橡木船壳变成黑色，松木船底完好无损。有一半的铆钉保存下来，再造时重新派上了用场。这是在墓穴里发现的最大的船，造于850年。

保存在黏土里

　　奥塞贝格出土的船属于一个维京人的墓穴。这个墓穴宝藏丰富，是至今所发现的维京墓穴中最丰富的。有许多发现令人眼睛为之一亮：四轮车、雪橇、鞋子、厨具、银箱、床、织布机。许多物品都有雕刻装饰。墓穴几乎是密封的，因此，木制物品、布和皮革保存得很好。船中央墓室有两具妇女遗骸，还有不少漂亮的物件，但大部分都被盗墓者盗走，奥塞贝格出土的船，船首是天鹅颈形，高出甲板4.8米，船首上半部是根据原型复制的。船身的十分之九，用原有的木头造出来，船尾的上半部是随意复制的。船长22米、宽5米。每一边各有15个桨孔. 所有的桨都放在外面，船员有30到33个。松木制成的甲板，排在横梁上，梁上有凹槽或切口。

从8世纪到11世纪，

维京人四处征战，侵略邻国。

他们逐渐有了国籍，

成为瑞典人、丹麦人或挪威人。

每个国家各选择一个战场。

瑞典人朝东打，丹麦人向西航行，

挪威人经常在海上打劫，

侵占未开发的地方，或人口稀少的地区。

第二章
挪威人征服世界

石雕，纪念793年
血洗林第斯法恩修道院
的远征。

挪威维京人的势力范围分成两部分：南方是欧洲，西方是格陵兰岛和北美大陆。维京时代初期，挪威人就在荒无人烟的苏格兰北部、设得兰群岛、奥克尼群岛、赫布里底群岛定居。海岸是基地，一头向爱尔兰、马恩岛扩张，一头往英国和法国袭击。793年至795年春天，挪威的维京人先后袭击了林第斯法恩、贾罗、蒙克威尔穆什、雷奇留等地的修道院，圣帕特里克修道院和圣高伦邦修道院。这些修道院都位于北海和爱尔兰的岛屿上。

很多爱尔兰的修道院都非常富裕，更加激发了维京人的贪婪本性。维京人袭击这些修道院，手段十分野蛮。他们亵渎了圣地，劫走财宝和圣器，只留下一片废墟。这把爱尔兰修道院院长的权杖，是在瑞典比尔卡附近的海尔约维京人遗址上发现的。

挪威人建立了爱尔兰维京国家，足以证明维京人的侵略范围和程度

从9世纪开始挪威维京人的侵略更加猖獗，范围更大了。他们往往攻其不备。几只龙头船出现在天际，迅速靠岸，一小群人登岸后，突然攻击修道院，抵抗者被打败。维京人取走珍宝，烧毁房屋，劫走家畜，很快地回到船上。有时他们还俘虏女人和壮男，将他们当奴隶卖掉，只有蒙克威尔穆什修道院艰苦奋战，击退了勇猛的维京人。

839年，索尔吉斯勒带领船队登陆爱尔兰北部。他率领一支

精锐的部队占领岛屿，建立迪弗林城（现在的都柏林），并加冕为王。851年，爱尔兰人归顺了登陆的丹麦维京人，由维京人统治了一段时间。但是挪威人的首领赫维蒂和他的兄弟伊瓦尔并没有让他们享受很久的太平岁月。

挪威维京人为了争夺爱尔兰，与丹麦维京人展开了长期的争斗。爱尔兰人利用这时机击败了侵略者。可是没过多久，挪威人发动一次远征，打垮了爱尔兰人，爱尔兰人无可奈何，眼睁睁看着一个帝国建立起来，这个帝国包括爱尔兰、马恩岛和英国西部。

1000年，爱尔兰人的领袖博罗姆贝，赶走了维京人，收回国土，自封爱尔兰国王。那时，爱尔兰人的凯尔特文明与维京人的斯堪的纳维亚文明融合，10世纪末，许多维京人信奉了基督教。

看到圣地受亵渎，上帝的财宝被劫走，当时的基督教徒实在无法接受。上图是一本书的封面，这本叫作《Codex Aureus》的书里，收录了8世纪在英国写的福音书。可能就因为这样，后来有人从北欧掠夺者手中把书买回来，买主是艾尔弗雷德伯爵（即后来的艾尔弗雷德大帝）和夫人韦尔伯。

诺夫哥罗德

俄国

基辅

拜占庭

巴格达

人扩张图

斯堪的纳维亚四面环海要进入邻近的大陆很方便。这样的地理位置，有利于维京人远征。丹麦人和挪威人四处征服土地，瑞典人寻找商品，就是绝佳的证明。我们无法确知各个北欧民族远征的路线，但是从挖掘到的文物仍看得出他们沿途所经之地。这些路线可以告诉我们，维京人在所到的国家贪求过什么：文兰的毛皮、海象牙，格陵兰的动物皮、毛皮和羊毛制品，冰岛的鱼和油脂，英国的锡器、小麦和蜂蜜，俄国的农奴、毛皮和蜡，拜占庭的丝绸、水果、香料、酒和首饰……

挪威维京人大肆劫掠，从南特到里斯本，从塞维耶到北非

挪威人的征服欲没有止境。他们的劫掠范围很快延伸到英吉利海峡沿岸，一直达到葡萄牙。

843年，挪威人抢劫法国中部的南特城，在努瓦穆蒂埃岛建造了一个桥头堡。他们溯卢瓦尔河而上，到达图尔，整个法国中部浴在一片血海之中，为了控制盐路，他们占据了格鲁瓦岛。

844年，他们来到西班牙，抢掠了加的斯和塞维

1000年前，许多船队和商船出海远行，船上的移民准备前往冰岛。他们以为冰岛很大，可以容纳所有的人。但那只是幻想而已，实际上，冰岛有八分之一的土地是熔岩、冰川、火山和寸草不生的平原……

耶。10世纪，挪威维京人又远征西班牙，劫掠圣地亚哥—德孔波斯特拉和里斯本，可能也到了北非——在挪威发现的阿拉伯钱币可以证明。

挪威维京人征服冰岛的大规模迁徙

815年，罗加兰离开法罗群岛。当他快到达冰岛时放了两只乌鸦，然后朝着乌鸦飞行的方向航行，很快就看到了冰岛。

这时候，维京人把从挪威遗弃的房子里弄来的木柱扔进大海，这些大木柱是拉来插在新家园周围的。在水流的冲击下，木柱被打到岸边的沙滩上，维京人迫不及待地插下木柱，划定他们的新界地。他们用泥炭和石头建造了一个大的公共住宅。这栋大房子呈椭圆形，有一个大厅，大厅中央有个火炉，沿墙壁是一排搭在土台上的床。

第一批维京人在冰岛安家后，一场大规模迁徙开始了。从870年到930年，有一万多名维京人来到岛上定居，赶走帕帕尔人。这些帕帕尔人是爱尔兰来的修士，坐着小舟来到这里。在这儿，耕种条件与挪威相似，尽管岛上布满火山和冰河，海岸的山谷和平原却很适合耕作和畜牧。海里的鱼也多，桦树林茂密，铁矿丰富，铁匠可以一展技艺。

头几年，维京人以小团体的方式生活在一起，只有一个领导人。但是从930年起，人口大量拥入，岛上分成四个封建领地，由一个叫作"阿尔庭"的议会统治。不过，阿尔庭阻止不了氏族间的激烈争斗，这些争斗很快发展成战争。

冰岛人保持着他们古老的习惯，继续前往大陆去做买卖。可是，岛上的资源很快就难以养活急遽增加的人口。有些历史学家估计，930年岛上有3万人，一个世纪后增加到6万人。于是维京人必须到更远的地方，到西方去征服新的土地。

在一个朦胧的清晨，一段绵延的悬崖映入红发埃里克的眼帘：那是格陵兰岛！

982年，维京人的头领红发埃里克被判处流放3年，必须离开冰岛，罪名是谋杀罪。于是他决定西行，前往北美洲的一块土地上，这块土地是几年前，

1030年，在史提克勒斯塔战役中，信仰基督教的挪威维京人国王——奥拉夫二世战死的场面。

在这幅16世纪的荷兰地图上，冰岛的周围都是巨大的海生动物和浮冰，布满了深深的峡湾，群山纵横交错，看起来不适合人居住。不过，由于受到墨西哥湾暖流的影响，即使位于高纬度，气候却不是想象中那么严寒。因此，新移民地所提供的生活条件，比维京农民的故乡挪威好得多。

一个名叫古伦比扬的移民在一场风暴中发现的。埃里克看到了荒凉的海岸，他知道登岸很危险，浮冰是一大阻碍。他没有停留，继续西行，绕过法韦尔角向北行，发现了宜人的峡湾，两边有山谷，那儿土地肥沃。

他很快就回到冰岛，赞颂这块土地神奇无比。他把这片土地命名为格陵兰，意思是"绿色之地"，许多冰岛人因而决定前往这个神奇地。春天，25艘装备沉重的船准备向"绿色之地"出发。船上装载了建筑木材、家畜和一切所需之物。船上有500个男人、女人和儿童。这25艘船中只有15艘到达目的地，其他的船都因浮冰和可怕的北海风暴而沉没。

在格陵兰，这些移民建立了布拉塔赫利城（现

986年夏初，红发埃里克率领25艘船离开了冰岛，船上满载着男人、女人和孩子，以及所有的财产。格陵兰的资源丰富，埃里克印象深刻，他称这个岛为"绿色之地"。但是这些资源很快就不够用了：格陵兰纬度高，几乎完全在北极圈之内，21.8万平方千米的土地上，只有9万平方千米的面积没有冰层。

在的通迪利亚费克）。他们建立了两个殖民地，一个在西，一个在东。但是挪威人很快陷入困境，因为岛上资源极度缺乏：铁矿太少，建筑用的木材不足。他们只好出口毛皮、海象和独角鲸的牙，以此维持生活。到1000年，岛上有近3000人，生活在三百多个农庄里。这个小社会延续了近五个世纪，最后消亡了。

在哥伦布之前500年，埃里克森已经驾驶龙头船驶向美洲

992年，红发埃里克的儿子埃里克森率领35个精壮男子离开格陵兰岛，起航西行，去寻找几年前有人发现的另一块土地。

他们要开辟新的移民地，要找到建筑用的木材。他很快找到了一块干燥、寒冷的土地，那里布满冰山，终日狂风不息。那儿显然是加拿大大陆东北部的拉布拉多海岸，接着，他又发现了一个更宜人的地方，那儿有森林密布的小山丘，埃里克森把这个地方叫作马克兰。

埃里克森带领众人继续朝南，很快到达树木青翠的海岸，可能就是纽芬兰岛，他们称这新土地为文兰，并在此过冬。回到格陵兰后，埃里克森宣布他的发现，赞美那儿气候温和，土地肥沃。他的兄弟托尔瓦尔德也去寻找这些地方。北欧人和美洲印第安人首次起冲突，北欧人称他们为"斯卡林"，意即丑人。

红发埃里克的儿子埃里克森，是个优秀的航海家。在他发现美洲大陆之前，他就已经因为开辟了格陵兰、苏格兰和挪威之间的商道而举世闻名，在这条航道上，沿着60度纬线航行2880千米，都看不到任何陆地。当他到达拉布拉多海岸时，看到了广阔的松树林，称此地为"森林之地"。

　　1020年左右，另一个维京人首领卡尔塞夫尼率领三艘船向美洲出发，船上有600名男女，外带家畜。他想定居新大陆。在新大陆过的第一个冬天，信仰基督教的维京人与不信教的维京人之间关系紧张，再加上饥饿，生活愈加艰难。他们与美洲印第安人做买卖，用毛皮换布。但维京人很快就和印第安人起冲突。在美洲度过三个冬天后，卡尔塞夫尼明白，这儿生活太艰难了。维京人满载着木材、野兽和毛皮回到格陵兰，不再理睬这个新世界。

扬帆远航

远行的计划一旦确定下来了，航海者就要靠风行事了。往往要等上几个星期，才盼得到顺风的日子。有时，旅程因风平浪静的天气而耽搁；有时，由于风向相反，维京人迷了路，到达离原定目的地很远的地方，这时候，偶尔也会发现新的陆地。维京人远征时，多半都会带一个熟悉航线的航海家同行；这个人叫作指路人，值得信任。另外，还有相关文献中记录着这些典型的航线。这些是教士写下来的，而不仅仅是依靠航海家的记忆。历代航海家累积的有关海岸地形、浅滩、水流的性质和方向的观察资料，都包含在记录里。

奥拉夫国王的船队

斯堪的纳维亚人比其他民族都善于驾船，速度也快，因而能超过对手。维京人的船成为众人羡慕和追求之物。世界各地有人想模仿。从这一点上就可以看出维京人的航海成就：好几种语言（英语、爱尔兰语、法语）的航海词汇中，很多都借自维京人的语言——古斯堪的纳维亚语。因此，法语的"hauban"（桅的侧支索）一词，与"hofudhbenda"接近，"bitte"（缆柱）与"beitass"接近，"étai"（支索）与"stag"接近，"hune"（桅楼）与"hunn"接近，"quille"（龙骨）与"kjorl"接近，"tote"与"thopt"接近。这幅表现维京船队的西班牙画，证明了维京人的海上历险仍然能引发各民族的想象，而事实上，维京人已经消失了九个世纪。

丹麦的维京人并不孤单，

他们的东边是瑞典人，

南面有强大的斯拉夫民族，

西边是加洛林帝国。

因此，当挪威人在海上疯狂劫掠时，

丹麦人组织军队，入侵西欧。

军队里有善战的战士，

统帅都是英勇的领袖，长于征战。

第三章
丹麦人进攻

从840年开始，由于查理大帝和路易一世（虔诚者）已相继去世，丹麦人利用加洛林帝国北部边境防守薄弱的机会，大举进攻。

　　8世纪末，丹麦维京人开始从丹尼维尔克（戈德弗雷德国王建造的防御线）发动多次进攻。主要进攻对象是英国、加洛林帝国东部，以及北欧海岸外的弗里西亚群岛。法兰克国王——也就是查理大帝和其子路易一世击退了丹麦人。

834年，丹麦维京人开始大举向外扩张。金融商业中心多雷斯塔遭劫

　　几百艘船溯易北河而上，抢劫了今日德国的汉堡。法国的鲁昂、图尔、沙特尔也连续遭劫。843年登基的法王秃头查理想尽办法要阻止这股劫掠风潮。他建造了许多要塞，与维京人谈判，向维京人献上丹麦金，甚至收买一些丹麦首领，游说他们背叛自己的同胞。

　　从878年开始，这些军事和外交手段已无法保护王国。丹麦人蜂拥而至，溯塞纳河而上，直抵巴黎。

3万丹麦大军进攻巴黎，而巴黎只有200名骑士守卫

　　885年11月的巴黎，只包括斯德岛（巴黎旧城），城中筑有防御工事。北边的石桥和南边的木桥控制着上游的航运。丹麦人在夏天抢劫了鲁昂，接着就来到巴黎。查理的继承人胖子查理远征意大利，只有巴黎主教高兹兰和纽斯特里亚的伯爵奥多，带领200名骑士和全副武装的骑兵守卫城市。这一点兵力，在拥有700艘船、3万名兵力的丹麦维京人眼里，根本不算什么。

　　第一夜，城市就在大火中化为废墟。整个天空都映红了。丹麦人连攻数星期无果，巴黎人英勇抵

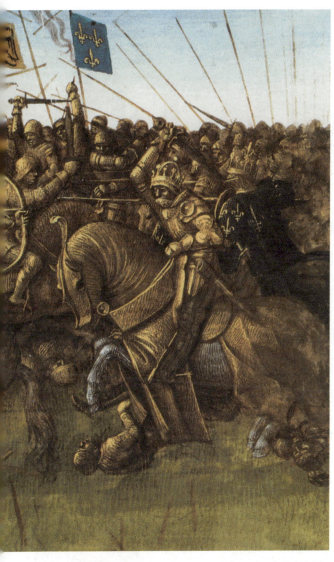

战斗之初多半是弓箭手作战，接着往往是近距离的肉搏战。维京战士一手拿椵木制的盾牌，一手持剑、战斧，在敌群中开路，所向披靡。首领和护卫着他的战士，集中在战旗左右。战旗是战斗中难以攻克的核心，战士们用盾牌把首领围起来，固若金汤。有些战士由于服用了兴奋剂，对疼痛毫无知觉，他们的勇猛足以鼓舞战友的士气。

抗。驻扎在塞纳河岸的维京人，不得不把巴黎包围起来，在城郊挖战壕，征给养，时间长达一年。2月，南边的木桥被河水冲垮，维京人长驱直入，在塞纳河和卢瓦尔河之间烧杀掳掠。当然，他们不会忘记留下

一批人包围巴黎。巴黎城里生活异常艰难，瘟疫造成大批的人员伤亡。886年底，查理终于回来解救受围的巴黎人。但是，他没能彻底打败维京人，还答应给维京人一大笔钱。维京人再溯塞纳河而上，抢劫了勃艮第，而在勃艮第正酝酿着一场叛乱……

巴黎被围后，成为全法国关注的焦点。胖子查理因为没能赶走丹麦人，被迫下台。888年，王国分裂成许多小君主国，奥多伯爵成为西法兰克王国国王。

维京教主把鲁昂的钥匙交给罗洛。

维京人在几年里不断进攻法兰克王国，诺曼底公国因而诞生了

维京人多次进攻法兰克王国。约911年，他们终于在塞纳河下游定居下来。罗洛是他们的领袖，他手下的人大多是丹麦人。

新的法国国王昏庸者查理与罗洛签订了爱蒂河畔圣克莱尔协定。依约定，罗洛获得了纽斯特里亚

885年维京人进攻巴黎的场面。像卢瓦尔河和塞纳河这样的大河流，是丹麦维京人袭击法兰克富饶的乡村和城镇时的绝佳地理条件。从845年开始，鲁昂、沙特尔、图尔、巴黎都陆续遭到攻击和抢劫。

　　受围困的巴黎人民生活极其艰难。城里流行瘟疫。国王秃头查理人不在巴黎。城里的守兵大部分都已战死沙场。绝境若此，必须采取绝对的措施。于是，奥多伯爵越过城墙，穿过丹麦人的防线，与法兰克的贵族会合，冀望这些贵族能帮助奥多收复巴黎。奥多终于借贵族之助，得以将巴黎被围困的消息当面禀报查理国王。奥多带着一队随从，按照出城的路线回城，再越过丹麦人的防线，回到巴黎城里。他同时还带回来必胜的决心，并且跃跃欲试的军队。查理国王几天后也率大军来解巴黎之围。到了夏末，国王的军队已经投入战斗。

地区（现在的诺曼底一带），他一方面要保卫他的新领土，一方面要服从国王统治。查理用这种办法来稳固他还很脆弱的王国，以对付斯堪的纳维亚来的游民部落。

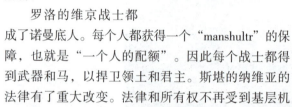

罗洛领有布雷勒和爱蒂之间的土地。法国西北部的鲁昂、利雪和埃夫勒都属于他的领地。这个丹麦人的首领正式改变信仰，接受洗礼，成了查理国的附庸。

罗洛的维京战士都成了诺曼底人。每个人都获得一个"manshultr"的保障，也就是"一个人的配额"。因此每个战士都得到武器和马，以捍卫领土和君主。斯堪的纳维亚的法律有了重大改变。法律和所有权不再受到基层机

罗洛与国王昏庸者查理签订了爱蒂河畔圣克莱尔协定。罗洛成为诺曼底公爵后，整个法国西部全部听命于查理。

构——厅格大会保护，而受到等级制度最高层的保护。封建时代君主专制的雏形就此出现，君主统治，不征求百姓的意见。

罗洛忠贞拥护查理国王，与勃艮第公爵拉乌尔作战

命运捉弄人，拉乌尔在这时罢黜了昏庸者查理，并利用这个机会掠夺诺曼底领土。于是，这些已经成为诺曼底人的斯堪的纳维亚人，在瓦兹河河岸英勇反击，最后签署了和平协议，诺曼底领地扩大。

公爵领地围绕着两个主要城市：一个是鲁昂，政治和宗教中心；一个是贝叶。5000名维京人和当地法兰克人融合。罗洛娶了贝朗吉伯爵的女儿波帕。维京人文化和基督教社会逐渐互相渗透。由于基督教的宽容政策，北方人和法兰克妇女通婚的现象迅速增多。不过，即使信仰改变，某些维京人并没有完全放

鲁昂成为新诺曼底公国的政治和宗教中心，但是，贝叶在相当长的时间里仍然使用古斯堪的纳维亚语。罗洛的儿子征服者威廉一世，就前往贝叶学习这一方言。正是在贝叶城里，人们制作出一块挂毯，叙述诺曼底人攻占英国的情景：诺曼底人是丹麦维京人遥远的后裔。他们继承祖先的传统，于1066年远征英国，大获全胜，征服者威廉一世荣登英国国王宝座。下图是挂毯的细部，表现的是哈罗德公爵受英国国王爱德华的差遣，送信给诺曼底的威廉。哈罗德在贝叶的大教堂里宣誓，威廉即将登上英国王位。但这是一张空头支票……

弃斯堪的纳维亚风俗，很多人仍实行一夫多妻制。语言和风俗融合后，生机勃勃。接下来的几百年里，罗洛的后代都能在商业和军事上保有优势。

　　法兰克领主抛弃了这个农业社会，这些诺曼底人却成了这个社会的栋梁。有些历史学家认为，诺曼底人所建的这个诺曼底公国，是"西方第一个现代化的国家"。他们在1066年攻克英国，然后攻下意大利南方，建立了安提阿公国。

盎格鲁—撒克逊领土难逃一劫

　　从835年开始，丹麦维京人对岛国（现在的英国）发动了一连串猛烈的进攻，年年如此。由于挪威人袭击了林第斯法恩和贾罗后，撤出了英国领土，丹麦人得以顺利侵略英国。

　　丹麦人溯泰晤士河而上，侵占了沿河的岛屿，并以这些岛屿为后盾，向内地大举进攻。在30年内，他们抢掠了盎格鲁—撒克逊的南部和中部。

　　9世纪末，丹麦维京人占领了诺森布里亚，在约克和诺丁汉安营扎寨，包围了麦西亚王国，在伦敦和剑桥定居。英格兰西南部，撒克逊人的威塞克斯王国国王艾尔弗雷德是位机智的战略家，也是位骁将，他率领部下英勇抵抗丹麦维京人。886年，他从丹麦人手中夺回了伦敦，解救了南部的大部分地区。但是，到了899年，他不幸告别人世。丹麦维京人又来了一批新军队，英国国王的一部分战果毁于一旦。

　　859年，维京人首领哈斯泰因联合另一个首领，率领60艘船离开萨内特岛。他们朝南航去，穿过直布罗陀海峡。维京人劫掠了西班牙的阿尔赫西拉斯港和摩洛哥海岸，然后到达法国南部的卡马格。哈斯泰国接着又从卡马格进攻，劫掠罗讷河河谷一带。860

费尔卡军营是丹麦人四座著名堡垒里的一座，位于日德兰半岛的东北部，距离霍布罗城几千米。这个军营建在一个战略要地上，位于海角处，俯瞰昂西尔德河，这条河通往大海。驻扎的部队耕种周围的田地，也把战死的士兵埋在城堡附近的墓地。

年，他率领船队进攻意大利，侵占吕拉城，这个城市现在已经不存在了。

丹麦区的兴盛与衰落

9世纪末，约克郡的北部和泰晤士河一带，全部是丹麦人的领地：丹麦区十分广阔，由五个有防御工事的城市守卫，分别是德比、莱斯特、林肯、斯坦福和诺丁汉。当时的官方语言是古斯堪的纳维亚语。10世纪初，丹麦人的势力逐渐衰退。爱尔兰来的挪威人

在北方展开攻势；在南部，英国爱德华国王的军队不
断骚扰丹麦维京人。丹麦维京人的祖国丹麦，则遭到
瑞典人攻击。

　　927年，爱德华国王击溃丹麦军队，夺回约克
城。丹麦人和丹麦区内外受敌，不得不与英军联合，
一起对付他们共同的新敌人——挪威人。

　　最后，到了1002年11月13日，英王艾特尔雷德二
世下令，将所有在英国领土上的丹麦人处死。这次大
屠杀之后，丹麦国王斯汶采取强烈的报复行动，结
果，他在1014年成为岛国的主人。斯汶的继任者克努
特大帝，消灭了最后一个抵抗的小岛，驱逐了威塞克
斯王朝。

　　1035年，克努特大帝去世，儿子们未能继承

克努特大帝是优秀
的外交家，也是军事战
略家，妻子艾尔吉弗与
他并肩作战。

遗志，新建的家园毁于一旦，丹麦人在英国领土的统治结束了。此后，维京人只进行过几次小规模远征，没什么斩获。维京人包围了约克城，但被诺曼底大公，也就是征服者威廉一世的军队打败，维京人成了战败者。1069年，丹麦人的史诗画上了句点。

维京战士不仅善海战，他们的武器也适用于陆地作战

维京战士的战服，是填充了垫料的皮制上衣或锁子甲，头上戴着圆锥形头盔，或铁制，或皮制。战斗时，他们用紫杉做的弓，中等大小，以皮加固。传说中，弓弦是用女人的头发做的。在肉搏战中，维京战士手持包有铁皮的椴木盾牌，操纵标枪、匕首和剑，十分轻巧。维京步兵力气惊人，能够灵活操纵长柄战斧。在战斗中，敌方骑兵最先遇到的是维京步兵组成的第一阵线，如铜墙铁壁般难以攻破。他们所持的战斧能将敌人碎尸万段。骑兵队的成员大多是玛扎尔人，来自匈牙利，个个是出色的骑士。他们能够在飞奔的马上射箭，能够在战斗中列队整齐，向前冲锋。玛扎尔人喜爱用的武器是匕首、剑、矛，当然也用弓。不过，维京人最擅长的仍是水上功夫。他们善于在深海航行，溯河而上潜入敌境也很在行。维京人的龙头船不必掉头，就能倒退着走：船首和船尾形状完全一样，只要朝反方向划桨就可以转半圈。

维京人用心选择最好的时机展开攻势：比如周日、节日或宗教活动时间。维京人进攻南特，选的

维京战士。丹麦军队都是优秀的战士，从全斯堪的纳维亚招募而来。他们有优良的装备，丰厚的报酬。

战斧是维京战士真正的武器，和剑一样常用。

锁子甲不便宜，只有家境富裕的战士才买得起。

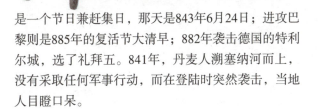

是一个节日兼赶集日，那天是843年6月24日；进攻巴黎则是885年的复活节大清早；882年袭击德国的特利尔城，选了礼拜五。841年，丹麦人溯塞纳河而上，没有采取任何军事行动，而在登陆时突然袭击，当地人目瞪口呆。

双刃长剑是维京人最喜欢用的武器之一，剑柄的做工和雕刻非常细腻。

当挪威人和丹麦人在西欧攻掠时，

瑞典人则转向东欧。

俄罗斯广阔的平原上，

森林茂密，草原肥沃，

为冷酷的维京战士提供皮衣和奴隶。

向南奔流的河，

为他们打开另一条路，

通往丝绸之路和东方市场。

第四章
瑞典人的东方之行

有一个叫伊本·鲁斯塔的阿拉伯观察家，这样描写10世纪中叶的罗斯人："他们的生活完全仰赖与斯拉夫国家的贸易。"

9世纪，罗斯人——从芬兰语借来的词，指瑞典人——来到斯拉夫人的部落。东正教教士在12世纪撰写的《俄罗斯初期编年史》记载：862年，斯拉夫人向罗斯人建议："我们的国家地大物博，但是目前一片混乱，请到我们的国家来统治。"

瑞典人建立的新俄罗斯，定都基辅，欧洲数一数二的繁荣城市

9世纪末，瑞典维京人留里克在诺夫哥罗德夺取了政权，而后渐渐统治了全国。留里克的两个中尉率领部下长驱直入，经水路到达离基辅近960千米的地方。基辅成为连接俄罗斯北部和拜占庭帝国的枢纽。留里克的接班人英明的奥莱格也向第聂伯河进攻，成了基辅的主人。他疏通河道，使之成为商路，并将统治范围从诺夫哥罗德扩大到基辅。

几年里，基辅成为欧洲的灯塔城市之一，在商业、文化、艺术各方面都领先其他城市。奥莱格励精图治，造了许多战舰，好穿江过河，直达黑海。

留里克（左边的纪念章）和奥莱格（右边的纪念章）的生平我们所知甚少。我们只知道他们是兄弟，而且都做过俄国的沙皇。

在那个时代，对维京人来说，从瑞典到拜占庭帝国的旅程漫长而艰险

　　维京人从瑞典海岸出发，穿过波罗的海，然后到达芬兰海湾。维京人接着必须溯涅瓦河而上，迎着激流和礁石划行60千米，到达离现在的圣彼得堡不远的拉多加湖。有些斯堪的纳维亚的商人在这些地方定居下来。其他的维京人继续沿着沃尔霍夫河前进，到达伊尔门湖，同时也进入了诺夫哥罗德。维京人继续

瑞典征服者在拜占庭帝国的经历（64-65页图）。从上至下，由左至右：维京人在诺夫哥罗德修筑城墙。他们在基辅与一名斯拉夫人的首领交谈。一名维京人的首领接受臣民朝拜。奥莱格命令部队攻占拜占庭。拜占庭的军队击退了维京人。弗拉基米尔受洗。

南行，因为河道太窄，无法靠船帆航行，他们就划着桨溯洛瓦特河而上，罗斯人用肩扛着船。到达第聂伯河和伏尔加河上游。第聂伯河通往拜占庭，伏尔加河注入里海，所以罗斯人可以碰到由巴格达来的骆驼商队。

拜占庭帝国的国王君士坦丁七世，描述了基辅第聂伯河下游险恶的激流和峡谷："河中央布满陡峭的礁石，看上去像座小岛，巨浪拍打着礁石，发出轰鸣。罗斯人不敢铤而走险。他们把船留在上游的岸边，所有的人下船，船上货物仍放在船里。然后他们赤身下水，用脚试探着走，以免被石头绊倒。同时，罗斯人分别在船首、船中央和船尾，用撑杆撑着，让船向前走。他们就这样沿着陡峭的河岸，开辟出一条路来。一旦越过了激流，他们再上船，继续朝目的地前进。"

斯堪的纳维亚人也试过其他的水路。他们穿过波罗的海，溯德维纳河而上，到达第聂伯河上游。另一条水路是沿着维斯图拉河，直达德涅斯特河和黑海。

为了方便将来进攻，瑞典人沿途安扎了有战壕的军营，修筑了有防御工事的驿站

保加尔驿站位于伏尔加和卡玛河的汇合处，控制了拉多加湖和斯摩棱斯克的道路。斯摩棱斯克城人口众多，城里有斯堪的纳维亚人、土耳其人、哈萨克人。这儿也有不少东方人，他们是冲着这里丰富的资源而来的。各种商品在斯摩棱斯克集散，运往其他的市场。瑞典商人在斯摩棱斯克贩卖动物皮和奴隶，采购来自中央帝国——中国的丝绸，然后运往梅拉尔湖的商业大城比尔卡。

君士坦丁堡——维京人口中的"米克拉加尔"意思是大城市——遭到维京人袭击，眼看就要落入维京人的手中

根据《俄罗斯初期编年史》的记载，907年，奥莱格率领2000艘船、8万人力，向君士坦丁堡进攻，一座巨大的山脉挡住了去路。维京人的首领把船弄到岸上，抬起船身，给船安上轮子。到了顺风的日子，

维京人的船可以在陆地上扛着走。但是，穿过瀑布或改变河道就不像这幅16世纪的木刻上表现得那么简单了。冬季，维京人用平底船，用绳拉着船在结冰的河湖上走，把分散在各地的商品集中到一个地方。

他拉起所有的帆，向君士坦丁堡猛烈进攻。拜占庭人万分惊恐，接受了一个商业协定，向维京人献上贡品。但是，维京人并没有就此罢休。奥莱格的孙子斯维亚托斯拉夫打败了大汗、伏尔加河和多瑙河沿岸的保加利亚部落。斯维亚托斯拉夫中了埋伏，被佩奇涅格人杀死，善战的佩奇涅格人来自中亚草原。

斯维亚托斯拉夫的儿子弗拉基米尔，击退了勇猛的佩奇涅格人，巩固了成长中的俄罗斯帝国。拜占庭国王利用这个时机，于988年拜访了俄罗斯的统治者，提议两国联姻，把妹妹嫁给国王弗拉基米尔，条件是弗拉基米尔信奉基督教。弗拉基米尔基于政治考虑接受了这项建议，于是在俄罗斯的赫尔松受洗。他用武力胁迫国民接受基督教。很快地，大批希腊东正教教士进入俄罗斯。斯堪的纳维亚人迅速融入这新的文化。另外，来自东方之路的资源已经耗尽，近东的银矿落入亚洲部落手中。信仰基督教的俄罗斯大帝国和异教

911年，国王奥莱格派了代表去签约。卡尔里、英吉尔德、法罗夫、高第、鲁瓦尔德、卡恩、弗雷拉夫、阿克特伍、特鲁安、里杜尔、福斯特、斯特米德等人，签下协定，"以期希腊人和罗马人之间长久保持和平友好关系"。这个协定是罗斯人经过近半个世纪的流血奋战，征服拜占庭之后才换来的。

英明的奥莱格是个传奇人物。他统一了俄国南部（基辅）和北部（诺夫哥罗德），立基辅为这个新国家的首都。南亚草原的游牧民族屡次入侵，都无功而退。

的瑞典维京人之间，只剩下一些商业往来。

1040年，"大旅行家"英格瓦尔率领30艘船的船队，离开瑞典海岸，朝中亚进攻。第二年，他在叙利亚去世。英格瓦尔的死和他的失败，标志了一个时代的结束。

维京人的生活重心是船。

船是他们的生命，

是他们扩张的工具和象征。

中世纪的编年史家这样写道：

　"丹麦人在海上生活。"

这句话也可以拿来形容瑞典人和挪威人。

有了性能特殊的船，

维京人得以纵横四海。

第五章
出海做生意

维京人认为龙头可以驱逐海怪，于是用龙头来装饰船头和船尾。

在挪威北部发现的石刻，是石器时代的船所留下的痕迹中，年代最早的。石刻上是一艘敞开的船，长11米，高1.8米，船壳看来像是包了层动物皮。到了青铜器时代，动物皮不见了，换成了薄木板，而薄木板用皮带捆绑起来。

船的建造技术发展得非常缓慢，用了近一千年的时间

最初，这些船没有龙骨，可以在不深的河流上航行，可以穿过急流，夏季可以在波罗的海或斯加格拉克海的广阔海面上航行。但是，维京人这种龙头船的前身有许多缺陷：船身过窄，两侧不高，难以抵挡大西洋的巨浪，而且由于没有龙骨，在逆水或逆风行驶时不易操纵。这些船没有船帆更是一大缺点。直到7世纪，斯堪的纳维亚人才引进龙骨的技术，船身更见稳固，能灵活转向，有了龙骨，船便有了桅杆，可升起船帆。维京人发明了长方形船帆，这在船的建造史上写下决定性的一页：在一条24米的船上，桅杆高达18或20米，船帆有100多平方米大小。船帆由双层的亚麻或粗羊毛织品制成，常常染成红色，使船更易辨认。维京人还设计出安在船后右舷的舵，舵非常巧妙而灵活。

维京人集数百年的航海经验，对大海了如指掌

乘坐维京人的船在狂风巨浪的大洋上航行，并不是件愉快的事。冻

从侧面看维京人的船，有一个特点：船头与船尾非常对称，桅杆在正中央。桅杆可以随意向前或向后移动，船只调动方向也就非常方便。由于桅杆很重，所以帆缆索具（A）也必须支撑桅杆。如果要顺风行船，维京人用两根交叉的小木桩（B）撑起船帆。

A

B

果克斯塔的造船师傅和工人

1881年，在挪威果克斯塔的一块墓地上，考古学家挖出一艘维京人的船。这幅图展现的是造船工地的情景。工地上有许多工人，依专业来分工。"造船艏的木匠"是造船的师傅，工资是其他工人的两倍，他们负责建造船艏，设计船的尺寸和外形。木匠、铁匠、嵌填船缝工，则将龙骨装配成T字形，作为艏柱和船尾的台基，然后，他们安装船舷，嵌填船缝，安装套索成U字形和升起甲板梁。他们的工具有好几种：用来凿木头的木工钻、金属锯、锉刀、多用途的刀、用来锯开木块的斧和削刀、半圆凿、刮刀、铁锤、钳子、虎钳等。

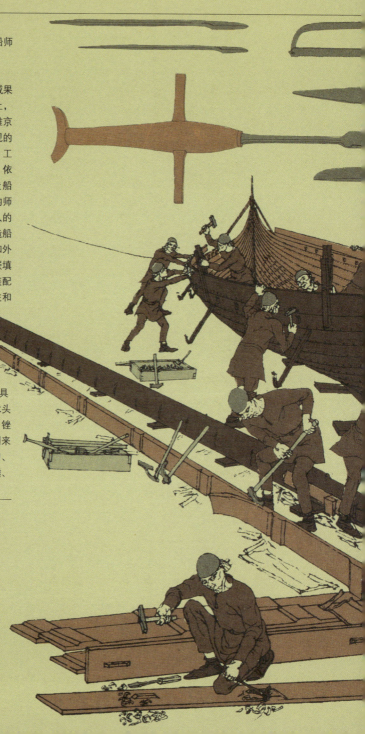

松木做桅杆，橡木制船舷

　　尽管船帆是船的主要驱动工具，但是若真要把桅杆放下，把船帆收起来，桅杆是可以随意调节升降的（A）。从剖面图（B）可知，在果克斯塔发现的船吃水很浅，可以在浅河里航行。当桅杆升起来时，杆底要用木楔子挡住（C）。桅杆是松木做的，非常重，很难竖起来（D）。船舷（船的外部）像瓦片般交叠，用木制的系缆双角钩固定在船的肋骨（船的内部结构）上（E）。

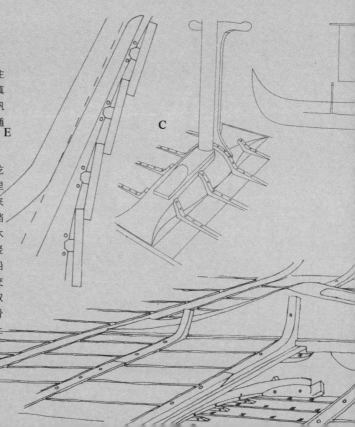

当维京人在陆地上"航行"

对维京人来说，河流是进入大陆的最佳途径。如果瀑布和激流阻碍了前进，他们就放下桅杆，收起桨，把舵悬在甲板上，将船运到陆地上走，一直走到下一个可以航行的河段。为了让船在陆上行走，他们把树干垫在船下，让船滚动前进。

没有桨架

在逆风时，风平浪静时，或是战斗时，维京人靠桨来使船前进。船员坐在放了他们个人物品的箱子上，把桨插入船舷的洞里（图A和B），然后有节奏地使劲划桨。盾牌固定在船的舷缘（如图C所示）。

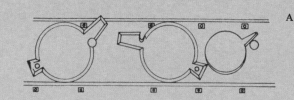

A

C

B

死的人不计其数，而尸体就从船舷扔进海里。船板接头的地方日久了就产生缝隙，海水从船壳渗进船里，船上的人只好用木勺舀出船中的积水。有些传说甚至这么讲："七个人划桨时，就有六个人舀水！"尽管这些北方人已经很能干了，沉船的事仍然经常发生。比如，红发埃里克率领25艘船从冰岛起航，就有15艘沉入海底。

尽管如此，维京人仍航行在最危险的大洋上，成就了令人称道的功绩。他们互相传递有关水流和靠岸的讯息。维京人已经运用了显示太阳高度的方位表以及一种星盘。这种星盘叫扇形太阳盘，是一种标度盘，上面有一个活动的指针，用来标明与罗盘方位标相对应的方向。维京人用这种星盘测量出角度，定下大概的方位。这些测量器可以确定船所在的纬度，但是无法确定经度。于是维京人只能依据风向和风力判断出船速和距离，此外，还依据船的航迹和海浪拍打艏柱发出的声音。他们也依据自然界的变化来判断，

维京人利用有刻度的圆形标度盘（左上图），把船停在抛锚地，用的锚是以铁链和缆绳连接起来的。

这面用青铜铸成的镀金战旗，是9世纪造的一艘维京战船的船头装饰。挪威一座教堂拿它来当风信标。

比如海鸟的习性、鱼和鲸的游速、气温的
变化，以及临近格陵兰岛时，海水颜色的
变化等。另外，当他们不是沿着海岸航行
时，他们一定航行在东西轴线上：由于不
知道经度而发生的困难，由此解决。

　　维京航海家也依据天体来判断方位：
当船向南时，太阳和月亮处于高处，朝北
行驶时，太阳和月亮则处于低一些的位
置。有些传说还记载，维京人有一种用
"太阳石"测方位的方法。这种石头叫堇
青石，是一种水晶，这种水晶有一种特
性，若把它垂直放在阳光下，它会由黄色
变成蓝色。这种方法很少用，主要是阴天
或有雾时使用。史上记载，这种太阳石是
一种稀有而珍贵的石头。

从果克斯塔挖掘出
来的船上的舵，橡木
制，长3.3米。舵固定
在船右舷上的圆环上，
用一条宽皮带系牢。舵
靠着一个水平杠可以自
由地摆动操作。舵能够
完全控制船的各种变动
方向，是长年累月不可
少的装备。

在北大西洋航行是很危险的：维京人的船必须沿着北极边缘航行，在那里，即使是夏季，都可能遇上狂风巨浪

　　维京人的船必须穿过一片覆盖了冰山的海域，
这些冰山是格陵兰岛的冰川碎块，随时可能击碎船
只。为了穿过这些危险的海域，维京人通常利用"克
诺尔"，这是一种商船，比他们另一种叫"特拉卡
尔"的龙头船粗短些。

　　维京人出发的时刻到来时，他们会把吊在栏
杆上的盾牌取下来，放进船舱里。收起跳板，这是
船和岸上的交通工具。维京人坐在充当划桨凳的箱子
上，用力划桨，把船划离岸，直到风力能将船帆撑起
为止。

　　克诺尔上可容纳30个人，还能放家畜、饲料、

盛淡水的小桶，以及装干鱼及盛肉的桶。如果情况许可，他们夜里就停船休息。当船搁浅或抛锚时，维京人就在船上，或在陆地上搭帐篷。头领睡的是可拆卸的木床，木床有精美的雕饰。船员则无床可睡，他们睡在装武器和装备的皮口袋里。由于船上很难生火，维京人便利用休息的机会，用大锅烧饭吃，平时在船上是吃不到热饭热菜的。他们吃的东西主要是肉、咸鱼干、菇类、马铃薯、牛乳酸化而成的凝乳，喝的则是啤酒和水。

对维京人来说，无论是锭状、做成首饰或是硬币，银的价值都相同。他们用随身携带的小秤，放上相当重量的钱币，来测定商品的价值。

维京人是伟大的航海家。在漫长的旅途中，他们有时是强盗，有时是商人，依时机而定

各种商品的交易很热络，甚至在偏远地区也是如此。东方的丝绸经俄国的水路运来，多瑙河的金子、法兰克王国制造的武器、英国的煤玉，还有莱茵河地区的葡萄酒，源源不断地运到斯堪的纳维亚的港口。斯堪的纳维亚的人则出口奴隶、干鱼、蜂蜜、毛皮，以换取这些商品。冰岛没有森林，于是他们必须进口建筑用的木材，出口羊毛。挪威和格陵兰岛则出口精美的海象牙制品。

维京人的商业中心遵循一条法律，

保护内地商人，这项措施由国王的代表负责，他还负责收税。因此，皇室官员在城市的行政管理中的地位逐渐提高，尽管维京人的国民议会"厅格"提出抗议，仍不能阻止这种势力的发展。商人多方努力，想减少皇家权力对他们的事务和财务的影响。他们建立了协会或保护机构，以维护自己的利益。这些机构还有另一个作用：作为这些商人的家庭替代品！这些远离家人的商人常常聚在一起喝酒宴乐，或者一起举行宗教方面的活动。

在商城比尔卡，有许多当时最优秀的工匠制造出来的珍贵物品。我们现在拥有的几件，是这种精湛工艺的见证，例如图中的酒壶、陶器，来自莱茵河的漏斗形玻璃杯。此外，比尔卡还有许多毛皮、东方制的丝绸，以及在当地的匠铺里打制的武器。

维京人和他们有贸易往来的国家签订了商业协定

873年，一个丹麦使团来到日耳曼人路易的宫廷，签订了一项协议。协议规定："两国的商人可以在边境上自由来往，和平交易。"维京人使用银块作为货币，为了商业需要，他们甚至把首饰都融成银块，当作货币使用。他们也接受外国货币，例如阿拉伯的迪拉姆和来自巴格达哈里发（伊斯兰教国王兼教主）的加洛林王朝货币，就进入了他们的市场。瑞典的商人用秤和秤砣来称货币。直到10世纪中叶，他们才开始铸造真正的货币。

马努斯的木刻画（86-87页），反映了中世纪末期，斯堪的纳维亚人主要的经济生活：造船、晒鱼干、熏鱼、卖鱼。

瑞典人大部分的交易，即使讨价还价的时间很长，都还是面对面进行。不过，他们在某些地区仍然不得不接受当地的做法。有种习惯做法最是奇特：无声的以物易物，在俄罗斯的白海海岸一带很流行。维京商人在特定地点放上他的商品，同时把他想交换的东西画在纸上，把这幅画和商品放在一起。然后，他就离开这个地方，几小时后再回来，把他不在时当地人放在那里的交换物拿走。如果生意没做成，他就拿回他自己的商品。

维京人在斯堪的纳维亚海岸建起港口和商行，其中两个港口非常著名：瑞典的比尔卡、丹麦的海泽比

在中亚的塔什干和撒马尔罕打造的硬币，证明了维京人的经商能力和战争热情。

比尔卡港位于梅拉尔湖的比约克岛。在850年，比尔卡是一座城堡，由国王的使者统治，厅格的成员在此聚会。居民集中在岛的西北部的岬角，岬角有座堡垒，有一队维京战士戍守。城墙共有六个门，墙上筑有防御炮楼。城墙内，商业区的排排圆木房面向沙滩，满载货物的船向码头靠。

比尔卡港有另外三个船坞：一个是供弗里西亚的商人使用，一个放粮食，第三个则用来做买卖。冬季，湖水结冰，一船船货物用雪橇运到港口。这是一个富裕的城市，手工业也十分发达。整个瑞典主要出产水晶珠和玻璃珠。但是，比尔卡

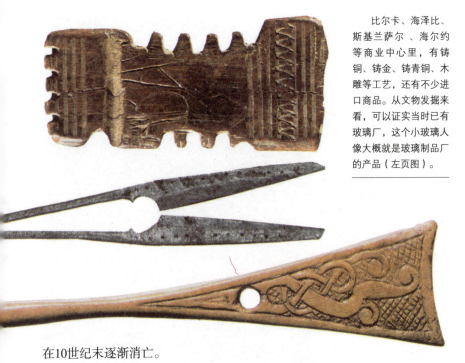

比尔卡、海泽比、斯基兰萨尔、海尔约等商业中心里，有铸铜、铸金、铸青铜、木雕等工艺，还有不少进口商品。从文物发掘来看，可以证实当时已有玻璃厂，这个小玻璃人像大概就是玻璃制品厂的产品（左页图）。

在10世纪末逐渐消亡。

　　海泽比在日德兰海岸，与比尔卡同时代建造。海泽比最初是一个范围极小的中心，很快就被并入丹麦。900年前后，某个瑞典的国王占领了海泽比。海泽比是商业中心，同时也是手工业发达的城市，生产了许多陶器、玻璃器皿和琥珀首饰，数量足够供出口。整个10世纪是海泽比的鼎盛时期，到了1000年开始衰落，最后被冷酷的挪威人哈拉尔德消灭。

　　还有一些地方性小市场，为维京人村落提供进口产品，或特殊工厂所制造的产品。在小市场里，农民和商人用农产品和布交换餐具、铁杆或外地来的服装，维京人通常还是实行以物易物的交换方式。

当维京人留在自己的家园时，
他们是务农维生的平民。
到了丹麦和瑞典，
他们生活在村庄里；
在挪威和冰岛，
他们住在偏远的农庄。
他们听命于最高的机构——议会，
重视同胞间的情谊，
依循一定的工作节奏而生活。

第六章
家居生活

这个戴着尖顶盔的骑士侧身像，是维京人制造的西洋棋的棋子，令人联想到从哥特兰岛挖掘出来的石刻海上战士的像。

斯堪的纳维亚社会分为三大阶层：奴隶、自由人、头领

在社会的最底层是奴隶（称作"traells"），他们或者是本来出身奴隶，或者是战俘，或者是依法不能享有权利的自由人。奴隶与其他阶层的人不同，他们短发，穿的是没有染色的羊毛衣服。女奴和自由人生的孩子，与母亲的身份相同，必须在农庄工作，一个农庄可以拥有二十多个奴隶。农庄的女人可以替主人管教孩子，而且在家中受到尊敬。男人有可能当上一个大农场的管理人。维京时代末期，受到基督教的影响，奴隶的地位有所改善；法令禁止杀奴隶，奴隶有权享受基督教葬礼，越来越多的奴隶获得解放。自由人（称作"朋迪"）拥有自己开垦的土地。比起同时代欧洲的大部分农民，他们的社会地位高一些。自由人构成斯堪的纳维亚社会的政治基础，也是一大经济力量。他们有权携带武器和上诉司法机关。原则上，自由人之间是平等的，不过，他们的权力范围有多大，取决于家族的资历够不够显赫，以及财产有多少。

随着维京文明发展，社会结构发生变化，出现

在斯堪的纳维亚文献中，性质相当于铁匠的工匠称作"沃伦"。他加工铁和加工金银一样得心应手。他会给剑镶嵌金银丝，制作精美的首饰。他还能打造无坚不摧的剑。

了一个新的专业工匠阶层。例如铁匠，在社会上赢得大家的尊敬，因为他会把铁加工、制造成武器。武器保障所有人的安全，而远征要想获胜，武器不可或缺。这个自由人的新阶层，还包括士兵、商人、木匠和其他职业团体。

　　自由人阶层的女人，享受的权利与男人不同，不过仍受到所有人的敬重。由于丈夫经常不在家，做家事和管理财产的责任都落到妻子身上。

　　头领和国王由"厅格"议会选举产生，在选民面前，他们要对自己的行为负责。他们的权力"取决

　　维京时代初期，政权不是集中的，而分散在许多个首领手中。国王自己也是一个大地主，所以，随着王权加强，传统的地方首领与国王的代表发生冲突。国王与地方首领的权力相同，只是他的权力范围遍及全国。

930年，在冰岛西南部的辛格韦德利熔岩平原上，成立了冰岛第一个议会——阿尔庭。每年夏至时，议会举行15天的会议，36个首领以及随从，代表冰岛的12个"厅格"，在露天聚会，制定法规，伸张正义。议会由罗格梭古玛德尔（解说法律的人）主持，应请求仲裁者的要求，宣布议会的裁决，决定了这些请求仲裁者的命运。有了这样的议会，难怪不来梅的亚当在1075年说这样的话："冰岛人没有国王，只有法律。"

于人民的意愿，大家决定的事情，国王必须同意，除非他有更英明的决定"。

国王的主要任务，是维护人民的安全、幸福和名誉。除了政治上的任务之外，他同时也扮演宗教领袖的角色。在基督教创建中央集权的君主政体之前，国王没有任何立法权，立法权是议会掌管的。

"厅格"是维京人的议会，有关维京人生活的所有决策，都在议会做出

维京社会唯一的立法和司法机构是议会，有不同的级别：一、地区级议会，成员是拥有固定住所的自由人（至少在瑞典和丹麦有这一级议会）；二、省级议会，由不同地区的代表组成。

议会每月召开一次到两次会议，会议是露天举行的。在会中，每个省颁布自己的法规，对国王的议案自由发表意见。辩论是由资深前辈和法学家主持——这些法学人士只凭记忆来判定法律，维京人是没有成文法的。

6世纪的人像，身穿维京妇女的衣着

"厅格"也可代理法院。维京人很喜欢法庭辩论，时间越长他们越高兴。原告首先向地区议会申诉，如果案件棘手，则交由高一级的议会处理。

在维京人的法院里，诉讼并不包括讯问的程序。所以，被告必须竭尽所能，在议会为自己辩护。被告如果能得到民众的支持，他有可能被宣告无罪。给未成年罪犯的惩罚，往往只是罚款，罚款由违规者的家庭支付给受害者的家庭。

血缘关系神圣无比。做了损害自己家庭的事，是种无可饶恕的罪行

　　维京人的家庭团结，对自家人的名誉很看重。侮辱一个家庭成员，几乎就等于侮辱他的全家人，甚至整个家族。如果一个维京人成了某桩罪行的受害者，他的全家会向犯罪人的家庭报复，至少要求他谢罪。有些家族连着几代受到报复，竟因而断绝香火。

　　维京人家庭成员之间关系密切，每个人不仅与直系亲属和兄弟姐妹密不可分，而且与叔伯、姑姨、

　　有些维京人不愿意到"厅格"去解决私人纠纷，而宁愿采取"霍尔姆刚加"来解决。"霍尔姆刚加"的意思是，在孤岛上一个限定了范围的场所决斗。在10世纪以前，这种决斗一直被认为是合法的，甚至几乎是神奇的仲裁形式。后来这种决斗才被禁止。

堂兄弟姐妹也紧密相系，与所有的远近亲戚都结成同盟。对一个人来说，被家庭抛弃，与被祖国驱逐是同样可怕的事。

　　家庭是最强大的社会组织，最牢固的核心。维京人的家庭不但不排斥一夫多妻制，相反的，如果一个有自由人身份的男人够有钱的话，他可以有好几个妻子：一个是合法妻子，负责管理家产，腰间系着家门的钥匙，其他的妾则属于奴隶阶层。

维京人通常住在农庄或公共大屋里

　　在斯堪的纳维亚的冰岛发现了传统"长屋"的遗迹。这些大屋只有一间房，长12米，两侧的墙筑在石基上，有点向内弯曲，乍看之下以为屋顶是艘翻过来的船。两排柱子支撑着屋顶。屋子造得相当粗糙：厚板竖着埋进土里，由墙基和屋顶的横梁支撑。缝隙由草柴泥填塞。屋顶覆盖着草、木片或铺了草皮的石板，屋顶的大斜面直接靠墙支撑。

在冰岛，畜牧是最主要的农业活动，各个农庄都相隔遥远，几乎形成不了村落。

大农庄的内部结构很简陋，但是十分紧密结实，而且温暖

屋子里有块石铺面的前厅，有火炉的主厅、卧房、乳品屋。泥炭墙有时厚达2米，能够抵抗风寒。来访者要走过又长又窄的走廊，才能进到房子里。除了屋顶的排烟口，整个"大厅"没有对外开的口，窗户要到维京时代末才出现，窗户上张挂着透明的动物膀胱外皮。

屋子里甚至还有一间浴室，这是现代桑拿浴室的前身。维京人非常重视保养身体。

根据在冰岛的斯通发掘而得的认识，考古学家重建了这间"长屋"。在艾斯莱弗斯塔迪尔挖掘出来的房子，建于维京殖民统治的初期，只有一个房间。在斯卡拉霍尔特挖出来的房子年代近些，有两个门、两个房间，还有一间是石子铺的地，用作厨房。在斯通挖掘出来的房子，年代又更晚，结构也更复杂。大厅的面积很大：长12.25米，宽5.85米，另外有两个附属房间，一个是乳品间，一个是仓库。

由于家庭成员不断增加，因此房屋也需扩建，或者加盖其他建筑物。人口较多的农庄有点像小村庄：有谷仓、仓库、浴厕，有时还有厨房，这些房间常常是建在主房之外的。

冬日漫漫，自由人全家待在家里，度过好几个月的黑夜和白天

在大房间里，沿墙垒起了两个土台，有1.5米宽，这两个土台当作土椅凳。土台之间有一块狭长的地，中间挖了个炉洞。炉子既用来取暖，又用来照明，炉周围放了一圈石子。曾经发现第二个炉子的遗迹，这个炉子用来煮东西。

在传统房屋的大厅里，空气不流通，灰尘很多，灯光又暗，所以做活儿很困难——女人在这里纺线织布，男人在这里修理工具。

另外，男女混住也造成诸多不便，长房并不是只给主人家住的，还有妾和她们的孩子、用人和奴隶，所有的人都在公共大房里过夜。床可以移动，白天的时候收起来，到晚上才摆好。只有男女主人才拥有一张自己的床，摆在卧室里。

厨房里东西很齐全。肉或是煮，或是放在烤架或烤肉铁杆上烧。有时候，维京人用叉子把肉叉上，直接放在火上烤，也很方便。煮肉的铁锅更是少不了。

维京人知道有一种简单的方法，可以在木制容器

这座9世纪的房子是在海泽比发现的，保存完整，修复工作也就顺利许多。房子的主体是木头搭的，外面涂上泥炭。主房有火炉和宽大的土台，台上有板子。织布机和几口箱子是仅有的家具。织布是妇女的责任，但是在冬季，男人也帮忙做衣服。羔羊断奶后，把羊群驱到山里之前，就给母羊剪毛。剪羊毛的时间通常在5月中旬到6月中旬，羊毛要先漂洗、去脂、梳理，然后，先用手工，再用纺锤，把毛织起来，捻成线。最后把线放入立式织布机纺织，保持自然的样子（这是普通布的原料，称作瓦德玛尔），或用植物给它上色（茜草染料或各种蕨类），或用矿石粉做染料。最常见的颜色是红色、紫色、绿色和黑色。

里把水或牛奶煮沸：先在炉子里把石头烧热，再把这些石头投进水中或牛奶里。

　　例行的宴会多半在大房子里举行，维京人在此时讨论出下一季的远征计划。吟游诗人的才华，想必也是在这种场合中展现的。

维京人的家庭自给自足：一切都是自家生产的

　　面包、奶油、奶酪都是在农庄里做出来的。维京人保存食品的方法很有特色：由于气候寒冷干燥，他们将鱼制成鱼干，至于易腐的食品，如鸡蛋，则埋在地下。到了冬天，维京人将桶子装满冰块，把牛奶放进这些桶子里保存。

　　维京人根据需要，自己制作木制工具，像是长柄叉、耙、十字镐、锄，等等。能干的维京人也会自己建屋子，房屋常常是屋主或村里木匠的杰作。

　　在冬季的漫长黑夜里，维京人利用这段时间，修理工具。每个农庄都有自己的工具箱，装满了各式各样的工具。细木工用的工具一点都不粗糙，已经很像今天我们用的工具了。

　　在地方手工业中，骨制品是主要产品，梳子、钱币、刀柄都刻有花纹。

可以说维京艺术的应用范围非常广泛，没有一件东西是不值得装饰的。从常用的青铜制的桶，到富商的银餐具，还有像是用来运酒、饰有花纹的罐，都装饰得很精美。

打造铁器需要专业技术，维京人堪称举世无双的铁匠

　　大农庄有自己的铁匠铺。其他的农庄里，农民自己打造铁器。与过去的时代一样，铁矿石是从沼泽地里开采出来的。铁的生产与木炭的制造密切相关。这样生产出来的金属形似铁棍，运到各地的铁匠铺去打造。在瑞典，矿工从地下开采宝贵的铜矿石。其他稀有金属都要进口。

　　在维京人的生活中，块滑石地位重要。家庭用的容器，都是用这种易加工矿石雕刻出来的，在挪威南部曾挖掘出这类器物。铁匠常常南北奔波，为村庄和农舍服务。如果不去外地，他们就在铁铺里炼铁，把成品带到附近市场上出售。铁匠同时又是金银匠。文献中提到某种"制造金戒和铁剑"的人，称为"沃伦"。"沃伦"又叫铁匠"威兰"，加工金器和银器是专家，加工铁器也一样得心应手。他能在剑上镶嵌金银丝，还能做出漂亮的首饰。

　　古斯堪的纳维亚人对手工艺与所谓的"艺术"并不加以区别。维京人寻求的，是好用的达到目的的物品。最平常的金属物品上精美装饰的图案，出自铁匠之手，而不是金银匠的作品。另外，古斯堪的纳维亚没有专门的词指称艺术家。古文献中，"斯密德尔"指的是铁匠，"古尔斯密德尔"指加工金子的工匠，"雅恩斯密德尔"则指真正加工铁器的工匠。

维京神的性格，

与他们的创造者性格相同：

暴烈易怒、热情如火、激情满怀。

这种性格强调了

维京人重视的男性特质——

刚烈、暴躁、好色、幽默。

他们的美德是勇敢、坚强、机智。

他们是维京人的神，

统治着斯堪的纳维亚世界。

第七章
神和英雄

索尔、奥丁和弗雷，是斯堪的纳维亚人的宇宙起源论中的三大天神，想象中的神奇英雄，也是他们传说中的祖先。左页图是瓦尔哈拉，彼世的神奇之地和一条支撑着整个世界的巨蛇。

维京人信仰多神。在维京人的信仰里，众神住
在阿斯加尔德，阿斯加尔德好比希腊神话中的奥林
匹斯山。阿斯加尔德是座堡垒。堡中央长着一棵常
绿的梣，称为"伊格德拉西尔"，树根一直延伸到
地狱。树枝非常高，直上青天。

到了中世纪初，尽管西欧已经接受基督教很长一段时间了，而在斯堪的纳维亚，异教仍居主导地位

三个主神统治着阿斯加尔德：奥丁、索尔和弗
雷。奥丁的地位最高，在所有神之上。奥丁是知识
之神，战争之神，更准确地说，是胜利之神。他很
少参加战斗，却是战略家，不仅用武力，也用计谋
战胜敌人。维京人想象他骑着有八条腿的骏马环游
世界，这匹神马叫"斯莱甫尼尔"。奥丁，这神秘
莫测的天神，有两只乌鸦随从：一只叫"赫吉"，
代表思想；另一只叫"穆南"，代表记忆。

索尔是奥丁的儿子。他的名字是"雷电"的意
思。他乘一辆由两头公山羊拉的车在天上走，车轮声
如雷鸣。索尔手持一把锤子，形似短柄狼牙棒，象征
霹雳。　　　　　　他保护人类不受巨人和森林
里的小魔鬼伤害，不
挨饿受冻。索尔与
人的性格相近，
他虽然凶猛，却
很善良，深受
平民爱戴。

弗雷善
良而宽容，
是富饶之
神。他的姐

"索尔，至高无上
的天神，又叫阿萨索
尔，或者叫作奥库索
尔；他是所有的神和人
中最强壮的。他的领地
是特鲁德凡，所住的房
子则叫比尔斯基米尔，
家中有540扇门，是世
上最大的房屋……索尔
乘的战车，由两头公山
羊拉着。他有三样宝
物，其中一样就是米诺
尼尔斧。当索尔出现在
空中时，白霜中的土尔
斯和山中的巨人，一眼
就先认出这柄斧。这不
奇怪，他就是用这柄斧
砍杀了许多巨人的父辈
和亲朋。"

13世纪的冰岛诗人
斯诺里·斯图鲁松
《散文埃达·吉尔
维的消遣》

挪威画家阿尔波的这幅画，创作于1872年，表现了北欧蛮族的强大。19世纪的德国作曲家瓦格纳在他的音乐中也表现了同样的主题。在日耳曼的民间传说中，雷雨的轰鸣声，就是奥丁率领的蛮族骑兵在云中奔跑的声音。这些骑兵是战死沙场的士兵的幽灵。奥丁这个勇猛热情的魔法之神，也是古代北欧文字之神、诗神和吟游诗人之神。《神之言》中有两段诗非常出名，描述了奥丁这个神。奥丁说道：

"我知道我悬在
　风中摇曳的树上，
　整整九夜，
　献给奥丁，
　我自己给我自己
　献上这棵树。
　谁也不知道
　树根源于何处。

　没有面包给我充饥，
　也没有滴水解渴。
　我往下看。
　我拾取古文字。
　边拾边喊，
　从树上掉下。"

姐弗雷姬是美丽女神，统领娘子军。这群叫作"瓦尔基里"的女战士，被奥丁遣往人间，检验维京战士的勇气和力量。当一场战斗结束时，她们伴送战死沙场的英雄直到"瓦尔哈拉"，这是维京人获得至福的永恒之地。

除了这几位主神之外，还有许多次要的神、精灵、魔鬼和代表着死者灵魂的妖精。

维京人与诸神建立密切的关系，由于他们需要这些神，所以与神交谈

诸神保护"奥特"，即家庭，保护家庭的财产和名誉，也保护国家、战士、农民。他们帮助国王维持和平，促进生产丰收，对维京人来说，神就像是伙伴，甚至可以说是老板，对于诸神，维京人有应尽的义务，也享受该有的权利。信徒崇拜神，但他们希望得到神的酬报。如果神没有如信徒之望，信徒会毫不隐瞒他的恼恨，他会背离神，诅咒神，放逐中介人，那举行祭礼的"祭司"，甚至杀死他。

拜神仪式自然是维京人日常生活的重要内容。农民看见自己的牲畜死去，向神祈祷；战士要征服新的领土，向神祈祷；家庭主人希望家庭繁荣，向神祈祷。不过，最重要的宗教活动还是集体的。这种宗教活动常常在露天举行，或是在草地上，在一片林间空地上，或是在小树林里，或是在泉水旁、大石头旁。找不到任何用来举行宗教活动的建筑物遗址。但是，语言本身却"说出来"了，许多地名包含神的名字，词尾多是"伦德"（lund，木头）、"文"（vin，草地）和"阿克尔"（akr，田野）。

维京人崇拜一棵庞大的树，认为它是支撑整个

"瓦尔基里"女战士，是奥丁的女儿，她们名字的原意是"阵亡战士的挑选者"。在瓦尔哈拉这有540扇门的宫殿里，奥丁等待着"瓦尔基里"带着牺牲的战士到来。他们在瓦尔哈拉过着愉快的生活，白天作战，夜晚庆功，吃野猪萨什林尼尔的肉。野猪每天晚上被吃掉，第二天早上却能复活。同时，战士们白天的战斗也是徒劳的，他们不会死去：即使受了致命的伤都能痊愈。在埃达诗歌里，有许多歌颂"瓦尔基里"的诗：在这些女战士当中，最有名的要算是布伦希尔特了。在日耳曼神话中，她是英雄西居尔的心上人。

世界的"宇宙之柱"。这棵树
就是"伊格德拉西尔",斯
堪的纳维亚神话中那棵巨大
的梣。

维京人并没有专司宗教职
责的"职业"教士。每一级首领同
时就是祭司。家庭男主人理所当然
也是祭司,他要召集所有住在农庄
里的人。在冰岛,地方首领有一个含
义深刻的名称,叫"戈迪",意思是
"神的人",换一种说法就是祭司。

宗教仪式的形式:介于奉献祭品和以物易物之间

阿拉伯人伊本·法德兰向我
们描述了瑞典维京商人,在伏
尔加的一个小岛上举行祭神活动
的情景。他们从装满毛皮和美丽女
奴的船上下来,拿着面包、洋葱、牛
奶、肉和"纳比"(一种啤酒),面向一个直立的
人形大木雕像,周围还有一些木制偶像,用插入地
下的小木桩支撑着。

他们匍匐在雕像前,向神祈祷:"啊!我的上
帝!我从遥远的国度来到这里,带来了许多女奴,
许多貂皮。"列举了所带来的商品之后,他们说
"谨献上一切祭品",并放下了所有带来的东西。

祈祷的内容更加具体,求神给予商业上的成
功:"我希望你给我带来一个商人,拥有无数迪拉
姆和第纳尔(一种货币),他能够买下我想卖的所
有物品,不要和我斤斤计较。"

从瑞典的奥兰岛所
挖掘出来的手镯和项
链,来自俄国。瑞典人
与东方国家的贸易往来
密切,这些首饰是很好
的例证。

拜神一定要有祭品：维京人宰杀牲口做祭品，也杀人

非常隆重的节日每九年庆祝一次。在庆祝仪式上，有许多血淋淋的祭品，维京人称作"布罗"。不来梅的亚当详细描述了这样的仪式："从每一种雄性动物中祭献九个头，用它们的血来使诸神平静。砍下头的身子吊在庙边的小树林里。小树林因为吊了牺牲品，所以是很神圣的，异教徒奉每棵树为神明。林里吊着狗、马，也有人。有个基督徒告诉我，他曾看见有72具无头尸身，一个挨着一个吊在小树林里。"

祭祀用的牺牲品是用剑或斧杀死的。血用一个神罐装起来，可供洒圣水之用，或由占卜官来研究观察。吊死也是常见的杀死牺牲品的方式，祭品仪式过后是宴会，从给诸神奠酒的仪式开始。

在整个丹麦，已有上百座墓地被发掘出来。从邦德斯特鲁普的一座墓穴里，挖掘出这些银质马镫。斯堪的纳维亚人的葬礼上，陪葬的物品有武器、首饰、一些厨具（盘子和勺），男人的陪葬品有时包括贵重金属制成的马镫，女人的陪葬品有华贵的衣饰。直到异教时代末期，墓中都有这些日常用品陪葬，因那时阴间被看作是阳世的延续。

宇宙的生与死：一棵支撑世界的巨梣

维京人的宇宙不是同质的，而是由几个世界组成的，三个或九个不一定。宇宙中，阿斯加尔德占统治地位，是众"阿斯"的住所；中间是"米德加尔德"（意即大地），是人的世界。外环住着天神，是外围世界，称作"乌特加德尔"。一条巨蛇支撑着整个结构，蛇受到敬畏，一旦它脱逃，宇宙就会解体。宇宙得以坚实，还得益于一个轴心——"伊格德拉西尔"，一棵神奇的常青巨梣。这棵梣的

根部喷出好几眼泉水，其中一眼是全世界河流的源头，第二眼是奥丁汲取全部知识的泉源，第三眼是命运的象征。各种象征性的动物在巨梣的树枝中活动：蛇蛰伏在树根里，诸神聚集在树荫下，但是到达之前，要先通过一座闪亮、颤动的天空之桥——银河。吟游诗人如是歌颂这棵神树：

> 我知道世上有棵梣，
> 名叫伊格德拉西尔。
> 高大的树身
> 披满了白色涓流，
> 露水由此而来，
> 落在山谷之间。
> 巨梣永远屹立在
> 乌尔德尔井之巅。

维京的英雄喜好冒险犯难，不畏出生入死：吟游诗人创造了英雄如此的形象，借由萨迦流传后世

除了刻在石头上的古代北欧文字，在11世纪之前几无任何维京人的文字记载。他们的文学、诗歌（埃达）和故事（萨迦），都是口头流传下来的。13世纪，冰岛的僧侣将北欧的文学写在牛皮纸上，使它得以流传至今，不被遗忘。

瑞典罗克地区发现的石头（左图），刻有古代北欧文字，字形很容易辨别。石刻文字是垂直排列的，字的笔画则多半呈水平走向。

这种口头文学传统成为艺术，即使在偏远的村庄，人们也积极参与"埃达"的创作，把上百段诗念给年轻的一代听，毫不厌倦。这些听众又会继续口传下去……最擅长说唱口传文学的人，以此为业，成了国王和富人的吟唱诗人。这些诗人与王公贵族来往密切，扮演很重要的角色。他们一遍又一遍歌颂着英雄的事迹。英雄都有相同的性格：出身高贵，英勇善战却多疑……他们热爱冒险，喜欢危险和战争。他们乘船到远方，肆无忌惮地抢劫，与众国王平等对话，娶

19世纪的德国浪漫主义文学，从"萨迦"和古斯堪的纳维亚宗教的神话中，汲取了许多灵感。

外国公主为妻。然后，他们回到自己的国家，建立起家园，在自己的土地上当家，养育了后代。

萨迦流传下来后，成为一种文学体裁，在中世纪的斯堪的纳维亚非常风行。

维京最后一个英雄——有个漂亮的名字叫哈拉尔德——是个好战的冒险家

战争是他的生命。哈拉尔德三世与挪威国王和俄国王子关系友好，他娶了基辅罗斯的公主。后来他成了挪威国王，四处与丹麦人、诺曼底人作战，不露疲态。1066年在与英国人作战时，他胸部中剑，战死沙场。这个传奇人物的死是暴风雨中最后的雷声。

哈大丹、图尔盖斯、哈斯泰因、红发埃里克、埃里克森、挪威国王奥拉夫一世……这个有着战士、抢匪、强盗、侵略者的名单上，哈拉尔德是最后一个名字。这些好战者在8到11世纪的三百年里，一手持剑，一手举火把，无所不为。哈拉尔德一死，北方英雄谱系永远绝嗣。

这以后，只剩下不完整又错误百出的传说。在人们记忆中的形象，是从海上突然出现的残暴斗士，嗜血如命的野蛮异教徒，而忘记了维京人对世界的贡献：他们移民到许多岛屿，如法罗群岛、设得兰群岛、冰岛，建立了一种新型的国家（如诺曼底公国和基辅罗斯），开辟了新商路，建立了新的商业城市（如诺夫哥罗德和斯摩棱斯克）。

不过，后来诞生了一个新民族，与维京人有相同的血统，曾经令整个欧洲闻风丧胆，他们是诺曼人。

哈拉尔德死后两天，诺曼的威廉一世又扬起风帆，驶向英国，一页历史翻过去了，另一页将要开始。

10世纪的冰岛诗人埃吉尔·斯卡拉格里姆松也是传奇中的维京战士。他出身于名声显赫的贵族家庭，住在冰岛，终生与挪威国王为敌。年轻时他就参加远征，去过许多国家，有时在冰岛，有时在挪威，有时出现在英国。他是个勇敢的水手，会一点巫术，嗜酒如命，又是个勇猛的军人。埃吉尔创作了许多诗歌和悲壮的挽歌，一首《"梭那多雷克"——失去爱子是不可弥补的损失》最是出名，纪念他两个意外死亡的儿子。

"埃吉尔的脸部轮廓分明，宽额头，浓眉毛，鼻子稍短，但异常肥大，胡子长而密，下巴宽，下颌也大，脖子粗，肩膀宽。当他发怒时，表情比谁都要冷峻。他身材魁梧，比任何人都高大，灰色的头发非常浓密，很早就秃了头。他坐着时，一边眉毛直垂到脸颊，另一边眉毛扬起直到发根。埃吉尔的眉毛黑，眼睛也黑。"

《埃吉尔的萨迦·秃头格林尔的儿子》

按照传统说法，织出贝叶挂毯的人，应是征服者威廉一世之妻，玛蒂德皇后。

70米长的挂毯，描绘了黑斯廷斯战役（1066年10月14日）的肇因和过程。

中世纪的艺术家，还没有掌握透视的绘画技巧。这些绘画技巧，如消逝点、安排远近景、随距离改变尺寸大小，到文艺复兴时期才出现。

NAVES·ADMA RE:-

艺术家为了表现数量和深度，采取了"重叠"的方法，如上图里重叠排列的船。

武器装备，如柱形尖顶头盔、锁子甲、矛、剑、斧、盾等，运送到船上。

必须两个人才能抬起"盔甲",这缀满铁片的皮袍非常重,士兵要用棍子穿过它的袖子才抬得动。

背在背上的食物袋和两个士兵用车子拉的饮料，也要运到船上。

我们今天仍然用同样类型的木桶，来保存诺曼底卡尔瓦多斯的"烧酒"。

MAGN O: NAVIGIO:

向大海出发的命令已经下达。四艘满载士兵和战马的船，准备穿过英吉利海峡。

MAR

穿越英吉利海峡的行动，是在1066年9月28日到9月29日的夜里进行的。黑斯廷斯战役结束后，哈拉尔德战死，威廉一世成为英国国王。

见证与文献

他们曾是诗人、
冒险家和金银器商人。
埃达和萨迦，古代北欧的文字记录，
从泥炭里挖出的船：
就是这些海上战士留下的遗迹。

埃吉尔的萨迦

在所有古代北欧的
吟唱诗人中，
冰岛人埃吉尔是
最出色、最有水准的一个。
他最擅长创作吟唱诗，
能够恰如其分地运用
头韵和隐喻。

挪威的费尔达弗尔基，由克维尔德—乌尔福家族统治着……克维尔德有两个儿子：一个叫多罗尔夫，另一个是秃头格林尔。两兄弟性格完全不同，有如太阳和黑暗的差别。多罗尔夫努力想与哈拉尔德国王妥协，但是嫉妒他的人说尽他的坏话，结果哈拉尔德亲自率军向他进攻，并处死了多罗尔夫。这个家族只好收拾财产，逃往冰岛……

他们发现了新的大陆，在内陆探险，按照仪式将土地据为己有。格林尔也有两个儿子：一个叫多罗尔夫，

1555年马努斯刻的斯堪的纳维亚地图

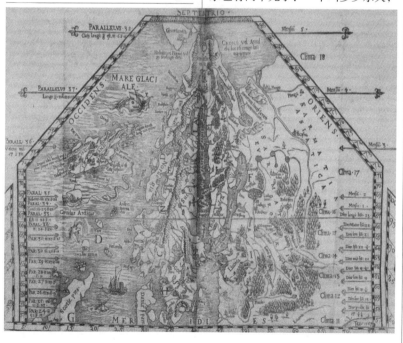

为了纪念死去的多罗尔夫，他的性格也很像多罗尔夫；另一个叫埃吉尔，与父亲很像，高大魁梧，沉默寡言，阴险狡诈。3岁时，埃吉尔就像职业的吟唱诗人一样，会使用代称了，7岁时，他杀死了11岁的玩伴。17岁的时候，他让哥哥多罗尔夫带他去远征……

第一次回到挪威。这时，统治挪威的是手持血淋淋斧头的埃里克和其妻古林尔德……在一次宴会上，埃吉尔的酒量引人注意。后来，他将剑刺进一位客人的胸膛，发生了冲突，然后他逃走了。之前，他曾在宴会上朗诵诗歌，这些诗极富才智，但也充满侮辱……

他参加了在英国的大战役，痛失亲爱的哥哥。他回到挪威，娶了哥哥的遗孀为妻。流浪12年后，他终于回到冰岛，声名大噪。6年后，也就是945年，他为了解决一个大案，又去了挪威。利用这个机会，与国王埃里克和王后古林尔德相争。王后善谋权术，而且十分迷恋巫术……

埃吉尔先杀了国王的一个儿子，然后他建了一根耻辱柱，鼓动受到保护的臣民起来，把国王和王后驱逐出境……不久，埃里克和古林尔德被迫流亡。

埃吉尔不知道，他回到冰岛，竟是为父亲送终。深深的痛苦压倒了他，他必须立即行动。他又乘船出发了……在靠近英国海岸的大海上，一场暴风雨袭来，将他抛到死敌埃里克和古林尔德的土地上。他想尽办法要摆脱危险。埃里克有个心腹叫阿林伯乔恩，是埃吉尔的忠实朋友。埃吉尔找到阿林伯乔恩，听从劝告，向国王自首。但是，国王并不欣赏他这举动。他将在第二天凌晨被处死。在最后一夜里，阿林伯乔恩建议埃吉尔写首诗，赞颂国王，以"买回自己的人头"。埃吉尔称是。这首诗技巧娴熟，意象美妙，韵律严谨，获得大家的赞赏，终于，埃吉尔获得国王赦免……

埃吉尔逃往挪威，在那里进行新的冒险，然后，他又远征瑞典的弗姆兰省，这次远征也是充满危险……

埃吉尔又回到冰岛，心爱的儿子鲍德尔瓦溺水而死，对他打击甚大，另一个儿子也病逝了。他也想死。他的女儿托尔吉用计，拯救他脱离悲伤，她劝父亲，在死前为死去的儿子写诗做纪念。他同意了，写出的诗，就是著名的《失去爱子是不可弥补的损失》。

现在他老了，牙齿动摇，耳朵已聋，眼睛也瞎了……他离世时，没能实现最后的愿望：在议会前抛撒他金库里的英国金子，好看看他的同胞争抢金币的场面。

博耶
《北欧的宗教》

《埃吉尔的萨迦·秃头格林尔的儿子》

在格拉那斯塔迪尔的格拉尼，他有个儿子名叫托尔德尔，是个有前途的孩子。他当时还很小，非常喜欢秃头格林尔的儿子埃吉尔。埃吉尔经常和人打架，是个暴躁易怒的人，所有的长辈都对自己的儿子说，不要与埃吉尔争。初冬时节，在维达尔维里尔有一场球赛，来了许多人。秃头格林尔家也来了不少人，托尔德尔走在他们前面，埃吉尔请托尔德尔带他一起参加，托尔德尔答应了，把埃吉尔扛在背上走。

到了比赛场，参加比赛的人分好队，然后开始比赛。来了许多小孩，他们也学大人比赛。他们分成两队。

冰岛的辛格韦德利，维京人的议会每年在这里开会。

埃吉尔与格里姆尔分在一队。格里姆尔从海格尔来，当时十一二岁，很强壮。当他们比赛时，埃吉尔并不是最强的。格里姆尔尽力让他感觉到他们之间的差别。埃吉尔火了，拿起球板就打格里姆尔，格里姆尔扭住他的双臂，把他扳倒在地，拼命打骂他，说如果他再如此行事，就要打伤他。埃吉尔站起来，退出比赛，其他人大加讥笑。埃吉尔找到托尔德尔，把事情一五一十告诉他。托尔德尔说："我和你一起去报复。"他把手中的戟递给埃吉尔，当时使用这种枪头有叉的兵器是很平常的。他们来到比赛的地方，格里姆尔抢到球打算逃走，其他孩子也跟着。埃吉尔冲上去，抢起戟朝他的头砍去，劈进格里姆尔的脑袋……

当埃吉尔回到家时，秃头格林尔对他很不谅解，可是贝拉说，埃吉尔具备了维京人的品格，等他长大成人，应该给他配战船。埃吉尔赞同母亲的意见：

> 我的母亲对我言，
> 要为我购船和美丽的桨，
> 与维京人一同远行。
> 站立在船头，
> 指挥宝船走，
> 到达港口后，
> 与敌人战斗。

失去爱子是不可弥补的损失

> 我的舌头被压住了，
> 转动舌头
> 带出诗的节拍，
> 对我是痛苦不堪的事；
> 维杜尔未经允许
> 便偷走了我的宝贝；
> 但难以从我心灵深处
> 将他夺走。
> ……

> 我的家族濒临死亡，
> 如林中树向风暴俯首。
> 亲人即将死去，
> 离开生之席位，
> 遇事若此，何能喜乐？

> 然而我还是要开口。
> 先讲我母亲的辞世，
> 再述我如何失去父亲。
> 我的话将吐自
> 语言的神殿，
> 颂辞为其梁柱，
> 文字如其草叶。

> 海浪冲断了我父系的血脉，
> 残酷呵！
> 这断裂如此阔，
> 这空白如此大。
> 大海夺走我的儿子。

> 海神在我周围制造灾难，

我失去了所爱的人；
大海冲断了我家族的香火，
我手中那条坚实的线。
……

大海无情地劫掠，
自从我家族的保护人
在幸福的大道上丧失生命，
失去亲人多么惨痛。

我很明白
在我儿子身上，

不忠实的性格没有领地。
如果他盾牌的木头
达到了成熟的年限，
哥特人的军队
就逮不住他。
他始终听从父亲的训导，
即使其他人有不同的看法，
他还是站在我这边，
比任何人都支持我。
……

还会有朋友忠实于我，

在战斗中保护我吗？
背信叛义的人在侧，
我更需要忠实的朋友；
而朋友减少了，
我必须谨慎行事。
……

人还说儿子无可取代，
除非再生一个；
而且是个与他兄弟
不相上下的人。
我不再喜欢有人作陪，

尽管他们追求和平。
吾妻之子，我的儿子，
到达了比莱格尔宫，
与他的亲人重逢。
……

炙热的火
抢走了我的儿子，
他从此离开我们的世界，
从此不必担心，耻辱会降临，
真够聪明了。
……

我决不再向
善良慈悲的天神老爷献祭，
尽管为了补偿我的不幸，
他赠予我一份无与伦比的礼：
赋予我一种能力，
完美无缺的才华；
以及一种性格，
能迫使我的敌人
暴露出他们的诡计。

现在一切都难以忍受：
妮诺尔维的姐妹，
就在那儿等着
我将愉快地
心甘情愿地
毫无恐惧地
等待死亡。

《埃吉尔的萨迦》

梭蒙山谷的萨迦

梦是萨迦惯用的主题，
在冰岛人的精神世界里，
扮演重要的角色。
没有人怀疑
梦的预测能力；
在梦中，英雄
预见他们未来的生活，
他们要完成神赋予的命运，
成就自己的名誉。

古德伦说："这个冬天我做了很多梦，其中有四个梦令我十分不安，而且，没有一个人对这些梦的解释能令我满意。不过，我并不要求别人按照我的想法解释这些梦。"吉斯特尔说："你说说你的梦吧，说不定我们可以从中得出点什么。"

古德伦说："我好像在外面，在一条小溪旁边，头上戴着一顶顶端弯曲的帽子。我觉得这帽子不适合我，我想换掉，但很多人劝我不要。我不听，取下帽子扔进小溪里。这个梦的时间不长。"

古德伦接着说："第二个梦开始，我好像在一个湖边。手臂上戴着一个银环，非常漂亮。这个银环是我的。一不小心，银环从手臂上掉下来，掉进湖里，再也看不见了。尽管这只是一件丢失的首饰，我却觉得损失的不只是一件首饰而已。后来我就醒了。"吉斯特尔答道："这个梦并非不重要，它已经说出一些东西了，现在请你继续说你的第三个梦吧！"

古德伦继续说："第三个梦，我戴着一个金环，它也是我的，弥补了前次的损失。我以为能够长久拥有这个金环，但事实并非如此。金子比银子更珍贵，这首饰更适合我。然后，我好像跌倒了，我想护住戴金环的那只手臂，但金环还是碰到石头上，碎成两块，好像有血从碎块中流出来。我不仅感到是损失，更感到痛苦。当我审视这碎成两块的金环时，我以为环上会有一个瑕疵，没想到其实有好几处瑕疵。不过，我想如果我更爱惜这个金环的话，它也许能保持完整。这个梦就到此结束。"吉斯特尔答道："这些梦的意义没有减弱，我现在更能了解其中的含义了。"

古德伦继续讲述道："第四个梦里，我头上好像戴着一顶金柱形的头盔，它是尖顶的，盔上镶满了宝石。这东西也属于我。这顶头盔相当重，我虽然勉强戴得上，还要歪着头。不过我并不怪这顶头盔，我不想把它取下来。但是，头盔还是从头上滑下来，掉进了海瓦姆海湾，后来我就醒了。这些就是我所有的梦，我都告诉你了。"

吉斯特尔回答道："我很清楚这些梦的意思，不过你会觉得我的解释很单调乏味，因为我几乎都是用同样的方式来解释这些梦。这四个梦预示了你会嫁给几个丈夫，他们的个性为人，你和他们的缘分深浅，以及他们如何离开你的生命。"

吉斯特尔继续讲道："你将会嫁给四个丈夫。当你嫁给第一个丈夫时，你并不认为，你们的婚姻是因爱情而结合的。你觉得有一顶大帽子戴在头上，而且这顶帽子似乎不适合你，这就说明了你并不爱他；你取下帽子扔进湖里，就是说你将离开他。

所以，人们把丢掉属于自己的东西，而没有得到任何替代物，称作'扔进大海里'。"

吉斯特尔接着说："你的第二个梦说，你手臂上好像戴着个银环，这就是说你嫁了第二个丈夫，他是个相当优秀的男人，卓越出众。你很爱他，但是很可惜，你拥有他的时间很短，他可能溺水而死。你这样失去了他并不奇怪，对这个梦我再没什么可讲的了。"

吉斯特尔继续说："你的第三个梦是戴着一个金环，那是说你将嫁给第三个丈夫。不因为金子更稀少、更宝贵，这个丈夫的价值就更高，我有预感，就在此时，你要改变宗教信仰，你嫁的这个丈夫会接受更高尚的宗教。当金环碎成两半，而且有血流出来，那就是说，你的丈夫将被人杀死。这个时候，你才会清楚地看到这场婚姻的缺陷。"

吉斯特尔继续说道："你说，你在第四个梦里，头上好像戴了一顶头盔，盔上嵌满了宝石，而且头盔非常重，那就是说你将会嫁给第四个丈夫。你的第四任丈夫是个大首领，对你来说，他将是个恐怖的头盔。当你觉得头盔滑进了海瓦姆海湾，那就是说，这个海湾将在他生命的最后一天里，出现在他的道路上。这个梦就是这样，我再没什么可说的了。"

埃达

"埃达"的那些诗篇和
吟唱诗人的诗歌，
是维京文明的伟大文学杰作。
这些诗篇风格简练，复杂，
年代比"萨迦"的散文故事
还要早。
这些诗歌口口相传
一代一代传下来，
一直要到拉丁字母引进
斯堪的纳维亚后，
才以文字形式记录下来。

斯诺里的散文埃达，14世纪手稿。

埃达

"埃达"这个名称，代表13世纪的两部手稿，《散文埃达》和《诗体埃达》。这两部手稿其实很不相同。较早的一部是斯诺里的《散文埃达》，大约写于1230年。这是一部为年轻诗人写的北欧神话启蒙书。

古代北欧诗歌常常运用"海蒂"和"代称"两种技巧。"海蒂"和"代称"是一种隐喻性的文字，包含许多有关异教信仰和神话的知识；由于基督教扩张，这些知识已经快逸失了。为了保存这些故事，斯诺里创作了《散文埃达》。为什么叫"埃达"？可能是从奥迪这个字而来。奥迪在冰岛南方，是昔日的文化中心，斯诺里曾在奥迪度过童年。按《散文埃达·里吉斯图拉》的说法，"埃达"这个词的本义是祖辈，代表一切知识之母。

斯诺里是中世纪文学的重要作家，也是历史学家，写下《海姆斯克林拉》，记录了从神话传说到13世纪的挪威国王历史。相形之下，14世纪法国史学家弗鲁瓦萨尔的编年史逊色许多。

斯诺里的著述站在客观的立场，仔细核对资料来源，而且以理性解释事件，其可说是现代历史学的前辈。斯诺里还创作了《埃吉尔的萨迦》，因此，他也可能写了《诗体埃达》中的一首诗《特里姆斯克维达》……

第二部手稿是《诗体埃达》，或叫《古老的埃达》，它的手稿《皇家手稿》写于13世纪末。根据古文字学研究，《皇家手稿》抄自1210年至1240年所写的原稿，包括北欧的圣诗和英雄诗篇……《诗体埃达》可追溯到口头诗歌的传统，13世纪的抄写者不见得理解这些古诗，抄写时经常出现错误。

口头诗歌

这些诗歌的作者是谁？创作年代可以追溯到什么时候？这是最令人头痛的事情。答案并不是没有：有关古斯堪的纳维亚语的研究，近30年来丰富的考古发现、历史、作者的思维方式、诗歌的某些内容（风景、植物或动物的描写）都可以提供宝贵的指导意见，但这些还不够……由于北欧很晚才出现文字（随基督信仰建立才出现，大约在1000年，而古代北欧文字不适合写长篇的文章，所以，诗歌靠的是记忆。古代北欧诗歌简练，表达力强，善于运用头韵和强拍，尽量减少叙述，内容多半是伟大的功绩和光辉的回忆。有一点是基本原则：埃达诗是口传的，总是没能写下来，也无法用眼睛看到。因此，所有的译文只能力求相似。从"图拉"或"加尔德尔"的最初形式，一直到"德罗特克沃特"的正规语言创作，古代北欧诗歌始终都是口语化的，极富音乐感。仿佛一个伴奏的低音，构成巧妙的网，引导着故事发展。另外，有些诗歌很可能实际上就是歌曲、圣歌或咒语。

博耶
《北欧的宗教》

巴尔德尔之死

奥丁的第二个儿子
巴尔德尔，
被背信叛义的洛基
杀害的故事，是《沃卢斯帕》
（又名《西比尔的预
言书》）的一个片段；
而《沃卢斯帕》，
是诗歌的埃达《皇家手稿》
29首诗中的第一首。
这首诗以预言为主题，
叙述了北欧的宇宙观，
从创立到神祇的衰落。

善良的巴尔德尔做了与他性命攸关的梦。他把梦讲给众阿斯听，众阿斯决定为巴尔德尔求得恩赐，以免除一切危险。奥丁之妻弗丽嘉收到了这个誓言：求使巴尔德尔不怕火和水、铁和所有的金属、石头、土、木、疾病、四足动物、鸟、鱼、蛇的伤害。当这一切得到批准后，阿斯们起了玩心，让巴尔德尔站在"厅格"的高处，让人向他射箭、扔石头、殴打；但是，无论怎样都伤不了他。大家觉得这是个很大的荣誉。洛基看到这情景，就扮成女人，来到冯萨里尔，找到弗丽嘉……

这个女人问弗丽嘉："所有的东西都宣誓，不伤害巴尔德尔吗？"弗丽嘉答道："在瓦罗尔的西部，生长着一种树根，名字叫槲寄生，我觉得它太小了，所以没有要它宣誓。"女人听完就走了。洛基找到槲寄生，把它拔出来，来到"厅格"。赫德是个瞎子，站在圈子外。洛基问他："你为什么不向巴尔德尔投东西？"他答道："我不知道他站在什么地方，再说我也没有武器。"于是洛基说："像大家那样吧，给巴尔德尔荣誉！我来告诉你他站的地方。把这个小棍子向他掷去。"赫德接过槲寄生，依洛基的指点，把槲寄生投向巴尔德尔，棍子刺穿了巴尔德尔，他倒地死去……

当阿斯们清醒过来时，弗丽嘉说话了，她问哪个阿斯愿意得到她全部

维京首领的葬礼，浪漫派画家油画家迪克斯画。

的爱和友谊，骑马去死亡女神海尔那儿，给海尔一笔赎金，放巴尔德尔回来。奥丁的儿子，勇敢的海尔莫德接受了这项任务……阿斯们把巴尔德尔抬到海边。巴尔德尔的船叫"赫林戈尼"，奇大无比，诸神想把船推到海里，在船上放了巴尔德尔的焚尸柴堆……大家都来参加火葬。奥丁由弗丽嘉、"瓦尔基里"们和他的乌鸦陪着来；弗雷乘坐种猪拉的车也来了，种猪的名字叫"古林伯斯蒂"或"斯里德塔尼"。汉达尔骑着名叫"古尔托普"的马来了，弗雷姬也乘猫拉的车来了，还来了一群雾的"土尔斯"和山的巨人……

海尔莫德骑马在黑暗的深谷里走了九天九夜，来到海尔的栅栏前……

他看见兄弟巴尔德尔坐在高椅子上。海尔莫德在那儿过了一夜。第二天早上，他请求海尔，让巴尔德尔和他一起回去，他告诉海尔，众阿斯都在为巴尔德尔哭泣。但是海尔说，必须证明巴尔德尔如传说般受到爱戴，世上不论活着或死去的东西，都在为他哭泣，只有这样，巴尔德尔才能回到众阿斯那里。如果有谁没哭，他就必须留在海尔这里……

于是，众神派使者到各地，祈求人们为巴尔德尔哭泣，使他能够从海尔那里出来。所有的人和动物、土、石、金属都照做了；当炎热解除了这些东西的冰冻，你可以看到，它们都哭了……

《散文埃达》

《福瑞特约夫的传说》

瑞典浪漫主义时期的诗人
泰格奈尔，
在1820年创作了
《福瑞特约夫的传说》。
这部作品受到大家的喜爱，
并且成为瑞典文学的
经典之作。
这首诗以冰岛萨迦为基础，
讲述了维京人之子福瑞特约夫
与国王的女儿英格堡之间，
障碍重重的爱情……

19世纪末，德文版《福瑞特约夫的传说》的封面。

福瑞特约夫和英格堡

希尔丁悉心照料，
两朵花儿怒放，众人万分欣赏，
北欧从来不曾
出现如此美丽的花朵；

其中一朵热情奔放，
向天空高高昂起头，
挺拔自信，一如橡树，
是附近的森林之王。

另一朵像温柔的玫瑰，
被囚禁在冬日里。
她含苞待放，
但寒冷延迟了她的盛开。
……

这两个人生活美满，
年轻而强壮的橡树，
是福瑞特约夫；
未开的花是英格堡，
美丽的玫瑰。

阳光下，他们是那么美，
爱神弗雷姬邀请俩人
来到她的住所，

这对新人受到热情的招待。
……

有时，他们俩人
驾船乘风破浪，
每当福瑞特约夫灵巧地转向，
英格堡就欢快地击掌。

冬夜里他们围坐炉旁，
福瑞特约夫用心静读：
他喜欢读诸神的功绩，
女神的辉煌。

弗雷姬有一头美丽的金发。
他看看身旁的英格堡，
满头金闪闪的秀发，
多么秀美和神气。
……

她那颗善良的心，
她那无比的温柔娴静，
天上巴尔德尔完美的妻子娜娜
见了也嫉妒。
……

国王的女儿唱着歌儿，
踩纺织机，
她用羊毛线织出图案
仿佛在作画。
在她灵巧的手下出现的场景，
歌颂昔日英雄辉煌的成就：
……

在路旁的许多树干上，
福瑞特约夫亲手刻下了
交织在一起的I和F，
像两个如胶似漆的恋人。

白天，在人间生活的繁忙喧哗中，
他们的命运紧紧相连。
当夜深人静，
再也听不到嘈杂声时，
安睡的俩人还在梦里想着意中人：

"大地啊，你年年春天
用如此美丽的花装扮自己，
请你也给我美丽的花朵
为福瑞特约夫做花冠。"

"波浪在你的胸怀里
藏了这么多珍珠。
明日我去把珍珠夺过来
装扮我的英格堡，我向你发誓。"
……

但希尔丁说：
"我的孩子，
这爱情会使你痛苦——
你不能娶贝尔的女儿为妻，

"贝尔国王的祖先
与神的地位相同，
我想就是托尔顿的儿子
也没有如此高贵的出身。

马尔姆斯特罗为《福瑞特约夫的传说》画的插图，1860年。

"每个人都有自己的祖先。
我从我们的森林中，
国王的遗物，无疑可以
获得他的高贵，以及其他一切！

"自由的人是强大的：
他能够影响命运之神；
那些人能够当家做主，
他们没有高贵的祖先！

"索尔永远支持
一无所惧的人；
谁能所向披靡，
就是命运的主人。

"放心吧，我美丽的百合花，
为了你，我甘愿流血牺牲，
我会挑战索尔，
如果他想夺走我的心上人！"

维京人的律法

艾立德很快离开了海湾，
像只轻盈的鸟，在广阔的海上飞。
福瑞特约夫用笔记下他脑子里构思的维京法。
听听他说的话吧："你只有以天当房；
维京人就睡在盾牌上，剑不离手；
不要闭门不出；不要怕与敌人面对面作战；
索尔正是用锤在愤怒中打死了巨人；
无所畏惧的人不需要太长的武器；
风暴来临时，将帆升到最高，这是大海欢腾的时刻！
逃避的人是胆小鬼，死有余辜；最好立即沉入海底。
在你的船上不许接受任何一个女人！
她们美丽的秀发是陷阱，掳获我们的心。
不要酗酒，如果你突然想喝酒；
大海上，一失足就可能送命；
如果有商人向你求助，让他付你贡品！
你要永远记住，这里的财富属于勇敢之士！
你以铁称雄，金子只是它的奴隶；
命运来决定你的那份战利品：
除此之外，没有任何侥幸的游戏；
荣誉禁止你贪求更多。
战斗中，维京人要以一当十，勇往直前，英勇奋战。
必要时不怕献身，违者将被逐出队伍，
在任何情况下，宽恕都要伴随胜利；
缴械的敌人应该得到尊重；
若不尊重他，就是胆怯的表现。
如果你想在我们当中称雄，
请等待明天去包扎战斗的伤口；
这是莫大的荣誉！是你的拯救。
换句话讲，你的律法。"

泰格奈尔
《福瑞特约夫的传说》，1820年

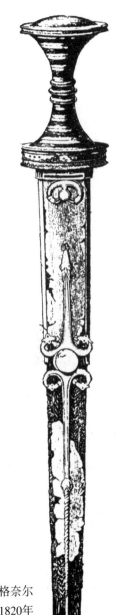

巴黎围攻战

丹麦人在885年围攻巴黎，
为法国编年史家阿邦
提供素材，歌颂奥多伯爵
和他200个战友
英勇抵抗维京人的事迹。

请讲吧，最美丽的城市，说说丹麦人给你的礼物。在高兹兰主教大人统治你的时代，你曾是地狱之神普鲁托的朋友；高兹兰则是温和的英雄，善良的牧师。她回答说："我觉得奇怪，竟没有人能讲述这个故事。你难道没有看到发生的一切吗？那么，请说吧。"

这就是那些残暴的人送给你的礼物：700艘很高的战船，无数稍小一些的船，一般称作小艇。这些船向塞纳河下游绵延十千米之远。甚至有人会发问，这条河流进了哪个洞穴；河上什么也看不见，河上盖满了浸在水里的松树、橡树、榆树、棕木，像蒙了层面纱……

所有的战士当中，有两人最英勇：一个是伯爵，一个是教士。伯爵名叫奥多，他攻无不克，所向披靡……有些敌人想用铁镐挖开城墙，

诺曼人围攻巴黎。

奥多用油、蜡和松脂浇他们，这种熔化在大火炉的混合液体，烧着了丹麦人的头发，把头发从头上连根拔起。有些敌人死去了，另一些决定跳进河里……另一个是谁呢？另一个是艾伯尔，是奥多的战友，和伯爵一样勇敢。他一箭能同时射穿七个敌人，还开玩笑地命令其他人，把敌人的尸体运到厨房去。

这两个英雄没有人能比得过，也无法与他们相提并论。不过，除了他们两人，也有许多战士英勇作战，视死亡为无物……

只有200个战士组成全部的力量，而凶残的敌人要比他们多上千倍。敌人不断派出生力军进攻城楼……石头打在盾牌上，发出阵阵声响。当箭穿透头盔时，头盔发出尖锐刺耳的声音。偷了老百姓食物的骑兵也来参战，他们精神饱满，吃饱喝足了，向城楼冲锋。不过，在他们用石头攻打城楼之前，许多人都受了重伤，回到船上。

当他们咽下最后一口气时，丹麦女人们揪着自己的头发，泪如雨下。她们对丈夫说："你从哪里来？从炉子来？我知道，你这魔鬼的儿子，你们没有一个人能赢得了。"

就这样，在野蛮人嘴里，这座城楼叫作炉子，因为城楼很低，又是拱形顶的。他们一心想攻破城楼的地基。他们凿开了一个巨大的缺口，大得难以形容……很快，一个大轮子从城楼上扔下来，砸到丹麦人身上，打倒了六个丹麦人，灵魂入了地狱；加入死者的行列。

阿邦
《诺曼人围攻巴黎》

古代北欧文字

1000年时,
斯堪的纳维亚半岛才
出现拉丁文字。
在使用拉丁文字以前,
他们用的是
古代北欧文字。
这些刻在石头上的符号,
可能是奥丁的发明。
北方人望符号生出敬畏之情,
把它们与巫术、魔法、超自然
和神秘的事物联想在一起。

虽然古斯堪的纳维亚人曾有很长一段时间使用古代北欧文字,但这些文字绝不是北欧人独有的财产,也并非诞生于斯堪的纳维亚。古代北欧文字来自日耳曼人,是在欧洲大陆上产生的文字。我们在此不再多谈古代北欧文字的来源问题,有关这个问题的争论无休止……

最早使用古代北欧文字的,是多瑙河中游的日耳曼人,后来,随着来往繁忙的商路,传到了丹麦。

早期的"福特哈克"

英文中字母称作"alphabet",是希腊字母表中第一个字母"alpha"和第二个字母"bêa"结合而成。而古代北欧文字称"福特哈克",指的是古代北欧字母中的头六个字母(f, u, th, a, r, k)。古代北欧文字主要是碑铭性质的。刻在石头上的北欧字母是一些碑铭(就像古罗马大写字母一样)。古代北欧文字不是一种草书体的文字。人们也把这种文字刻在木头上,做指示用。有时,贵重金属制品上也刻有古代北欧字母……

早期的"福特哈克"有24个符号,一直沿用到9世纪。后来,发音标记法有重大的改变,24个字母缩减成16个字母……早期的"福特哈克"很适合标记古日耳曼语的发音系统,尤其是标注子音,至于母音,"福特

上图和左页图：刻有古代北欧文字的石头。

哈克"则配合北欧语言的需要……如下面的字母：

fuparkgw: hnijépRs
tbemlngod

古代北欧文字的拼写法无规则可循，要将这些字母分割成独立的字，

也不是很容易。有时，字与字的分隔是标出来的，比如用点来分隔，但情况并非总是如此……

当碑铭学者遇到过于艰涩的文字，难以理解其含义时，他就会说这碑铭有魔力……有些碑铭学者从"rúna"——此字就是魔术师——这个字的词源寻找依据。他们认为，这个字源自于一个日耳曼语的字根，从这个字根也衍生出日耳曼语的"raunen"，意为"轻声细语"。古代北欧文字就传达了一种神秘的讯息。这些碑铭学者还参阅了一些古代北欧的诗，诗中列举了古代北欧字母种种强大的魔力。每个字母都有自己独有的魔力。那些将古代北欧字母刻在石头上的人，也享有特殊的声誉，

他们是博学多闻的学者，也是令人敬畏的"古代北欧文字大师"……

后期的"福特哈克"

后期的"福特哈克"产生于8世纪末或9世纪初。符号的数目由24个缩减到16个……在后期的"福特哈克"刚出现的时候，符号并不是突然减少的，某些字母本身就是发音符号，而有些音在当时的语言中已慢慢

消失了……从母音方面来讲，……刻字者不得不将两个母音组合起来（双母音），如法语中的-au，-eu，-ou……

下面是新的"福特哈克"的16个字母：

f u p q r k h n i a s t b m l R

我们现在到了墓志铭时代，这些墓志铭都刻在墓碑上，纪念在远方死去的战士或商人……有时，我们可以看到直接刻在岩石上的碑文。享受这一殊荣的人都是显赫人物，至少也是村长。

格拉维埃

《斯堪的纳维亚人》

这两块在耶林发现的石头中，小的一块是丹麦国王戈尔姆（年老者）为他妻子立的，大的一块则是戈尔姆之子，"蓝牙齿"的哈拉尔德为父母立的。

葬礼，一个阿拉伯旅行家讲述的故事

对于维京人来说，
死亡只意味去另一个世界：
尸体火化，
以期立即到达"瓦尔哈拉"，
或者被埋葬，
好神游于神的居所。
不管是国王、英雄或平民，
为了能够在另一个世界里
还有可用的财产，
维京人举行隆重的葬礼
为死者送葬，
这些葬礼往往
令外国游客感到吃惊。
阿拉伯外交官伊本·法德兰
记述了922年
在伏尔加河河岸举行的
一场罗斯人首领的火葬仪式。

有人告诉我，当罗斯人的首领去世时，火葬其实是葬礼中最小的部分。因此，我十分好奇，想知道更多有关葬礼的细节。

一天，我得知有个首领去世了。罗斯人先把首领的尸体放在墓穴的一边，守护10天，一直到他们把寿衣做好。如果死者是穷人，他们就做一艘小船，把尸体放进去，然后火化。如果死者是富人，他们就将他的财产分成三部分：一部分留给他的家人，一部分用来做寿衣，第三部分用来做"纳比得"（可能就是"艾尔费奥尔"，葬礼上喝的啤酒），要在处死死者的女奴的那天喝，杀死的女奴将与死者一起火化……

当一个首领死去后，首领的家人就问他的奴隶和女佣们："你们谁愿意和他一起死？"她们中有一个答道："我愿意。"这个答话的人就必须陪葬，她不可能再反悔。若她想反悔，人们也不允许她反悔。愿意陪葬的大都是女奴。

于是，当这个首领死后，人们就问他的那些奴隶："你们谁愿意和他一起死？"她们中有一个答道："我愿意。"从这时起，就有另两个女奴看护她，甚至亲手为她洗脚。人们开始为葬礼做准备工作，给死者做寿衣，那位陪葬的女人每天喝酒唱歌，好像在等待一件快乐的事情。

到了要火化首领和陪葬女奴的那一天，我来到他的尸船停泊的河岸，看到人们把船吊起来，在船的周围放了一堆木头……

人们开始绕着船的周围走动，口中念念有词，但我听不懂。尸体仍然放在墓穴里，他们还没有将尸体搬出来。罗斯人搬来一张长木凳，放在船上，把从拜占庭运来的地毯，以及用"迪巴格"（染色的丝绸）做的垫子铺在凳上。这时来了一位老妇，人们称她为"死亡天使"。她把丝垫铺在凳子上。她负责整个葬礼的过程，从给尸体穿寿衣，到火化尸体。

这座在丹麦发现的船形墓地，令人想到海上战士好像和他们的船一同埋葬。

我看到这位老妇身材高大硕壮，令人望而生畏。人们来到墓前，扫除木框架上的土，把尸体连同木框架一起搬出来。然后，脱掉尸体上原来的衣服，这时我发现尸体变黑了，应该是由于冰冻的缘故。把尸体放进墓穴时，同时还放了一些啤酒、水果和一把鲁特琴，这些东西后来都重新取了出来。有件事很奇怪，尸体一点没有发臭，除了尸身的颜色变了，几乎没有其他的变化。他们开始给尸体穿上衬裤、长裤、靴子、上衣。然后穿上用"迪巴格"做的大衣，大衣上还镶着金扣子，再戴上用"迪巴格"和貂皮做的帽子，把尸体运到船的帐篷处……他们拿来"纳比得"、水果、香料，放在尸体周围，还拿来一些面包、肉、洋葱，扔在尸体面前。他们杀了一条狗，把狗劈成两半，将狗肉块扔进船里。然后，人们又把他所有的武器放在他身边。同时，牵来两匹马，让马飞奔，待马跑得浑身是汗时，将马宰杀，用剑将它剁成肉块，扔进船里。又牵来两头母牛，如法炮制。

接着，人们又抓来一只公鸡，一只母鸡，也杀了扔进船里。在这整个过程中，那位自愿陪葬的女奴来回走动，走进每一个帐篷，每一个帐篷的主人都与她发生性关系，对她说："告诉你的主人，我是出于对他的热爱才这样做的。"

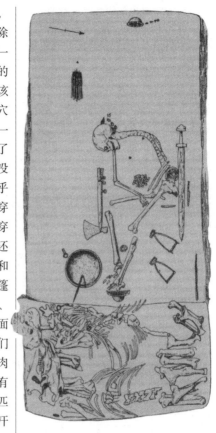

比尔卡一个富人的墓：墓里有武器、个人用品，甚至还有他的马。

这个星期五的下午到了。人们把女奴带到一个像门框一样的东西前。她被男人们举起来，举到可以从门框上面往下看的高度，他们把她放下来时，她用外语说了些什么。他们又把她抬起来，她又像第一次那样说了几句话。他们再把她放下来，又第三次举起她，她还像头两次那样说了些话。有人给了她一只母鸡，她砍下母鸡的头，扔进船里。我问翻译她说了些什么话。翻译答道："第一次抬起她来的时候，她说：'看！我看见了我的父母！'第二次，她说：'看！我看见了我那些死去的亲戚，在他们的周围。'第三次她说：'看！我看见我的主人在天堂里，天堂是绿色的，很美，还有一些年轻人和他在一起。他在呼唤我。让我去与他团聚吧！'"

人们把女奴带往船停泊的地方。

这时，她取下戴着的两只手镯，交给"死亡天使"，将由这位老妇来杀死陪葬女奴。然后，她又取下戴的戒指，交给"死亡天使"的女儿们。

人们又把她带到船边，但不让她进帐篷。这时，来了一大批手持木盾的男人。有人给女奴一杯"纳比得"，她唱着歌一饮而尽。翻译告诉我："她是在向她所有的女友告别。"接着，给了她第二杯，她接过来后，唱起了一首很长的歌，那位老妇催促她快点把酒喝光，进到她主人的帐篷里去。

这个时候，我仔细盯着她看：她一副惊恐不安的模样，想走进帐篷里，在船和帐篷之间探着头。老妇人抓住她的头，把她推进了帐篷，她自己也跟着进去了。

这时，男人们开始用木棍敲打盾牌，想压住女奴的叫喊声，让别的女奴不要害怕，以后不要拒绝为主人陪葬。六个男人进了帐篷，与女奴发生性关系，然后，让她躺在主人的尸体旁边。两个人按住她的手，两个人压住她的脚，那个叫"死亡天使"的妇人，在女奴脖子上缠了根绳子，绳子的两头打了结，然后把绳子的两头交给另外两个男人。当这两个男人拉紧绳子勒住女奴时，老妇人手持锋利的小匕首，刺进女奴的肋骨间，直到她咽气为止。

这时，死去首领最亲近的亲属到来，他拿起一块木块，点燃了它……燃起了放在船下的柴堆，船里放了女奴的尸体和她死去的主人。

9世纪造的剑柄，人们在都柏林的基尔马萨一座冰岛人的墓地里发现的。

然后，大家拿着火把涌向前去，每个人都把火把扔到燃烧的柴堆上，整个柴堆都燃起了熊熊的火焰，船烧着了，帐篷也烧着了，主人和女奴也烧着了，所有的一切都在火焰中化为灰烬。

博耶
《北欧的宗教》

维京人的日常用品

我们从遗址所
挖掘出来的许多物品，
可以得知维京人的家庭生活。
斯堪的纳维亚人是
出色的工匠，
他们可以运用所有的材料，
做出农具、家具和首饰。

织布工的纺锤（1）

石头或黏土制的秤砣（2）

织布工的筘，用来隔
经线（3）

骨制梳子（4）（5）

铁皮小锅（6）

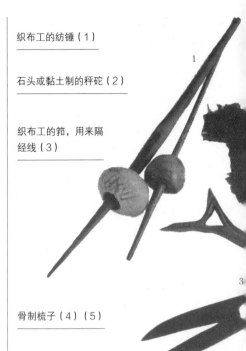

陶制容器（7）

木制用具（8）

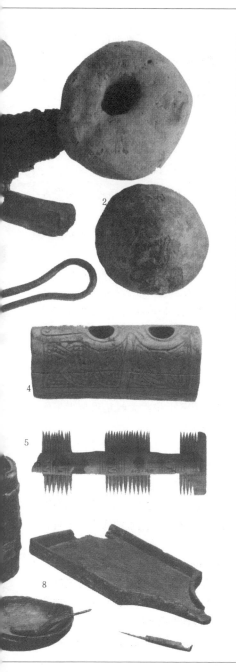

维京人纺羊毛时，用的是手工纺纱杆或纺锤，纺锤里压了石头或黏土做的重砣。正是从一个出土的北欧纺锤残骸，得知了维京人在纽芬兰的草地湾生活过。

重砣是用石头和烧过的黏土做的，用它来拉紧竖式纺纱机的经线。纺纱机的调节是利用木制或鲸骨制的特殊梳刀。也有铁制的梳刀，但极少见。而梳头的梳子，全是用骨头制成的。

维京人是灵巧的铁匠，在做薄铁片的工艺中堪称大师，这些在瑞典出土的铁锅就是例证。食品放在木罐或皂石碗中保存。

草地湾

在纽芬兰西部海角的草地湾，
发现了维京人的遗址，
证实维京人
比哥伦布早数百年
"发现"美洲大陆。

草地湾是北美洲最古老的欧洲殖民地。加拿大最近把此地列为国家历史自然保护区。加拿大公园管理局是一个联邦管理部门，负责管理自然的和历史的公园，下设一个考古处，以发挥这些保护区的作用。在1973年至1977年间，此局进行了多次考古发掘。

1961年至1968年，一支挪威考古队发掘出这遗址的大部分，他们本欲寻找文兰——北美洲第一个维京殖民地——不料发现这个维京人遗址。在北美洲，草地湾是目前唯一发现的维京人遗迹。这个维京人殖民地，始建于11世纪，是传奇人物埃里克森的时代。埃里克森是红发埃里克之子，带领众人来到此地探勘……

维京人在北美洲的这个遗址，共有八座土建筑，其中有三间大房子，其余的要小些，大概是用来当工作房……

从这个遗址挖掘出两千四百余件文物，其中1500件是木制品，从泥炭层发掘出来。草地湾最令人振奋的发现，是挪威人的用品：考古学家利用碳-14，来检验遗址的煤渣和木炭。他们发现，这些东西的年代，可以上溯到860年至890年和1060年至1070年之间。考古学家还挖掘出85件文物，足以证实维京人曾在此地统治。加拿大公园管理局则挖掘出45件。尽管文物的数量并不可观，但与西部其他维京人遗址的出土文物数量相比，这些数量还是不容忽视的。

事实上，在冰岛的维塔尔赫只出土了88件文物，而所发现的维京人住屋，数量和类型与草地湾很相近。另外，在冰岛的维京人遗址上，发现了一栋建筑的三个阶段的遗迹，重叠在一起。在草地湾和维塔尔赫，大部分的文物发现都是钉子和铁铆钉……

加拿大公园管理局进行遗址挖掘工作，力图了解维京殖民地人民的生活种种。维京人是否曾在此地长期居住？如果是，那么是否是在连续的

期间内？殖民地人民的经济生活是什么？除了牧场、木材和铁，这个地方还有什么资源？维京人与他们称为"斯卡林"的当地土著，保持着什么样的关系？这些土著是否与维京人生活在同一时期？如果是，那么这些土著是印第安人，还是因纽特人，或者是这两个种族的混合？

一个不好客的地方，维京人在这儿居住的时间很短

考古学家观察一些迹象，比如房子维修的次数，大致算出维京人在一地居住时间的长短。北欧人的房屋一般寿命是25年，25年后要重建新屋。这个遗址至少有两座房子被烧

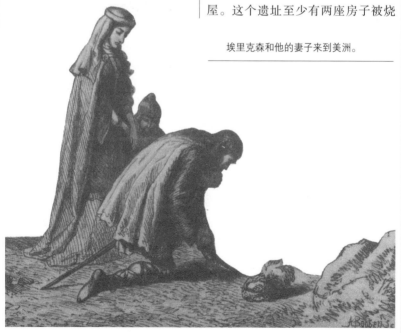

埃里克森和他的妻子来到美洲。

曼多海湾全景。

年以上的时间都空着。格陵兰岛和冰岛的北欧房屋都是石头地基，但是，在草地湾的遗址上，并没有发现这样的地基。没有石头地基这一点，给了我们一些讯息。在格陵兰岛和冰岛，只有临时住宅才没有坚实的地基。这一切迹象表明，维京人并没有在草地湾长期居住的打算。因此，居民人数也不会太多。根据我们掌握的资料，维京人的房子不能住30人以上，大约只能住二十多人（可能同一时期所有的房子都住了人？这种情况还值得怀疑）。村庄的人口总数大概在90人左右，不过更可信的是60人左右，甚至可能更少些……

维京人为什么在草地湾停留呢？草地湾虽然风光明媚，却不适合居住。他们难道是顺着水流和风力，被吹到这儿来的吗？但是，一艘从格陵兰西南部出发的船，在拉布拉多半岛的激流推动下，应该会进入贝尔—伊斯勒海峡。

维京航海家之所以来到草地湾，也许是北部大半岛尽头的辽阔陆地吸引了他们。另外，在今天看来，草地湾与冰岛这两个地方，和格陵兰岛的西南部很相似，是维京人十分熟悉的景色。还有一些资源也具有吸引力：

森林很近。如果没有森林，他们也许只得依靠沙滩上的树木，或从欧洲进口木材。草地湾还有海豹、海象、鲸鱼、鳕鱼、鲑鱼、加拿大驯鹿（现在已绝种）、狐狸，这也是吸引维京人很重要的因素。

中世纪末，在非洲象牙占领欧洲市场之前，格陵兰岛人出口海象牙至欧洲。在中世纪的资料上，还记载有海象皮，尤其是海象皮做的绳子。维京人信奉基督教后，他们知道干鱼，尤其是鳕鱼，在欧洲很受欢迎，于是他们增加了捕鱼量，而不仅仅是只供自己所需。在草地湾发掘出来的桦树皮做的秤，可能就是用来做这项生意的。不过，维京人的"萨迦"里，从来没有提到纽芬兰的鳕鱼群。

这是一个适合放牧，也适合开采铁矿的地区吗？

传统上，由于北方气候不佳，土壤贫瘠，种植期短暂，西部的维京人很少务农，甚至从来就不务农。他们主要以饲养肉用牲畜，生产奶制品为业。因此，是不是一块好牧场，必然成为他们选择新居住地主要考虑的因素。草地湾有大片的石南草原，在这一点上比冰岛和格陵兰岛优越，维京人可能还带着家畜到这儿来。

一切现象表明，草地湾并非维京人的重要居地，维京人在那里居住的时间不长。草地湾也许只是为开采资源而设的临时营地，而不是个长期的殖民地，文兰的"萨加"讲述的情景也是如此。大概在同一时期，古代末的印第安人大概在同一时期也居住在这个地区，如果事实果真如此，那么，这些印第安人就是"萨迦"里提到的那些"斯卡林人"了。无论草地湾就是人们寻找了很久的文兰，或者仅仅是某个维京人的营地，目前，它仍是新大陆唯一的维京人遗址。

瓦勒斯
考古学卷宗，第27号
1978年3月-4月

罗斯基勒的船

考古学家在斯库尔德列夫
（位于哥本哈根西
部）的罗斯基勒，
进行海底发掘，
利用先进的船舶考古技术，
发现了五艘丹麦船只。
这项发现证实了
维京人建船技术的发展。

1880年，在挪威的果克斯塔，发掘出维京时代的一座大墓，出土了一艘保存完好的"王家船"，大约建于900年。这艘船出土后，世人对维京人使用的船有了根深蒂固的印象，以为这就是维京人当时使用的船。

不过，20世纪又发掘出来许多船，才知道果克斯塔的船其实并不具有代表性，不是当时的商用或海战船的"普通式样"。尽管如此，那些有关维京人的著作，有些甚至是最近几年才出版的，都讨论了果克斯塔的船队，认为这些维京人的船只参加过海战和商业远航。

在维京时代初期，公元800年左右，就已经出现了商船，这些商船与在果克斯塔和奥塞贝格发掘出来的王家船大不相同。两个世纪后，维京时代后期，有关船的类型的记载已经很丰富。各种船由于用途不同，而有很明显的区别，甚至即使用途相同，在斯堪的纳维亚各地使用的船也有区别。由在斯库尔德列夫所得的考古发现，可以进一步了解造船的维京人和航海的维京人。

在罗斯基勒峡湾的渔民中，流传着一种说法：在由峡湾通往罗斯基勒城的航道——佩贝兰登的尽头，可以看到一道木头和石块叠成的堰坝，这座堰坝是丹麦女王玛格丽特一世（约1400年左右）利用一艘沉船建成的，目的是为了抵御敌人的进攻。

1957年至1959年，由丹麦国家博物馆的奥尔森和克伦林·贝德森领导，检查了这座堰坝。这是丹麦考古学家第一次利用新的潜海技术，下到海底。他们发现不只有一艘船，而几乎是一支小船队，这些船建造的时间要比玛格丽特一世统治的时代早，大约在1000年左右。

战船、商船和渔船

这些沉入海底的船，船上塞满了石头，大部分的船板都已压成碎片，

斯库尔德列夫最大的船是战船"长船号"，有29到30米长，它的长、宽、灵活度、速度都与众不同，可载50至100名战士。这艘船可能是丹麦国王斯汶一世（八字胡须）和他的军队在1013年至1014年征服英国船队中的一艘。

这些碎片堵在航道最深的地方。因此，要潜水员把船弄上来，风险实在太大了。1962年，考古学家建造了一排木柱，这样就可以排干堰坝的水，挖掘船的残骸，把这些船弄上岸来。

用这种方法找到了五艘船的残骸。现在，这些残骸放在一栋特别为此修建的大楼里，这栋楼建于1968年，称为"维京斯基伯萨伦"，意思是维京船的博物馆，原来的大楼改装成工厂，参观者能够看到工人修复这些维京船只的过程。这幢楼同时也是丹麦国家博物馆的海洋考古学院，考古学家在这儿研究其他出土的堰坝和船骸。

在斯库尔德列夫发掘出来的船，可以分成五种不同类型。这些船在斯堪的纳维亚不同的地区建造，时间是维京时代后期，也就是在11世纪上半期，这些船沉入罗斯基勒峡湾，以抵御敌人突如其来的袭击。

这五艘船中，有两艘战船，一大一小；两艘商船，也是一大一小，还有一艘，可能是渔船。从船的布置和比例上看，可以看出战船和商船明显不同。战船长而窄，吃水深，从船头到船尾都铺了甲板，船身布满划桨洞，可以操作自如，用船桨和用船帆一样方便。商船则相反，与船身的长度相比，它要宽得多，也高得多。而且，商船只是前后端有甲板

和桨洞，中间是货舱。

为了经济发展，需要保护港口

从斯库尔德列夫的发现，我们才得以了解维京人不同类型的船。在社会刚刚成形的时候，这些船是维京人扩张的工具，他们又是战士，又是商人，出海远征。在国王统治下，斯堪的纳维亚国家的基层，渐渐开始发展。由于王权保护季节性的市场，商

这艘船十分可惜，因为放置在佩贝兰登的堰坝上方，受到漂流冰块日夜冲击，只有四分之一保存了下来。

业十分繁荣，有些市场甚至在城镇里发展起来；然而当时市场这概念，在北方恐怕还很新，甚至很陌生。

　　然而，商业给这些城市带来的财富，也招致北欧人远征此地。因此城市需要防卫，罗斯基勒城就修建了斯库尔德列夫堰坝，以抵御北欧人的掠夺。即使如此，完善的防御工事仍难敌勇猛的维京人。1040年，尽管商业中心海泽比在港口修建了防御工事，仍遭到挪威维京人劫掠。

　　在维京时代，海泽比是斯堪的纳维亚最重要的商业城市，位于日德兰半岛的南部，居于重要的战略地位。考古学家在那里进行了大规模的挖掘。1953年，在一次港口的海底探勘中，他们发现了大批尖头木桩，都是以前用来保护港口的桥和栅栏的残余物。潜水员在海底也找到了许多当时的物品，譬如城市辉煌时代的圣物、武器、商品、人骨，尤其发现了一艘船的残骸，打捞出不少船的残片，证实这是一艘维京人的船。这艘船被焚烧到吃水线处，沉到港口的一组木桩后面。这艘船可能是用作火攻时的放火小船，在敌人攻城时保卫港口，不落入敌手。

克伦林·贝德森
《丹麦杂志》

维京人	英国	法国

约450年　丹麦人移民到斯卡尼。

约500年　丹麦人到达日德兰岛。

约450年　朱特人、盎格鲁人、撒克逊人在布列塔尼登陆。

约500年　凯尔特人被赶到威尔士等地。

约650年　瑞典人统治波罗的海（芬兰、库尔兰、东部普鲁士）。

733—795年　首次入侵英国东岸。

799年　首次入侵法兰克王国。

810年　首次入侵弗里西亚。

825年　挪威维京人到达冰岛。

835年　维京人到达弗里西亚、努瓦穆蒂埃岛、艾斯科河、莫兹河。

839年　建立都柏林。瑞典人到达亚速海。

841,843年　维京人到达塞纳河和巴黎盆地。

844年　维京人到达卡罗那和西班牙海岸。

845—891年　攻击弗里西亚。

855年　占领巴黎。

850—891年　连续进攻法国。

892—约900年　哈罗德一世建立挪威大王国。

935—945年　戈尔姆（年老者）从瑞典海泽比王国手中夺走日德兰半岛。

966年　"蓝牙齿"的哈拉尔德受洗。

约650年　七国建立：肯特（朱特人）、东塞克斯、南塞克斯、威塞克斯（撒克逊人）、诺森伯里亚、麦西亚、艾唐利（Escanglie, 盎格鲁人）。诺森伯里亚拥有盟主权。

793—795年　8世纪，麦西亚成为最重要的国家，国土延伸到高尔努依。

802—839年　威塞克斯的艾克白  统治所有盎格鲁—撒克逊王国。

835年　创建丹麦区。

871—899年　威塞克斯的国王艾尔弗雷德大帝统治了丹麦。

711年　阿拉伯人入侵欧洲。

732年　马代尔在布瓦蒂埃打败阿拉伯军队。

800年　查理大帝（768-814）由教皇利奥三世加冕为王。

843年　三个王国的建立：洛太基亚、东法兰克王国和西法兰克王国。

888年　巴黎伯爵奥多当选国王（888-898）。

839年　瑞典人到达亚速海。

俄国	东罗马帝国	伊斯兰

527–565年　查士丁尼国王征服北非、意大利和西班牙南部。罗马法典编成。

568年　伦巴尔族夺取意大利。

610年　赫拉克略建立中期拜占庭帝国。

717—802年　叙利亚王朝和圣像的争论。

741—775年　阿拉伯人被赶回边境。

50—1258年　伊斯兰教创始人穆罕默德的叔父阿拔斯创立阿拔斯王朝。

754—755年　曼苏尔建都巴格达。

786—809年　赖世德在拜占庭多次获胜。

842—867年　迈克尔三世使斯拉夫民族信仰天主教。

867年　与罗马教会分立。

867—1056年　马其顿王朝修改罗马法典，增加了三教堂法典，是帝国最强盛的时期。

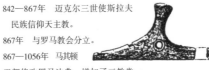

844年　留里克统一俄国北部，包括诺夫哥罗德。

864年　瑞典人到达里海。瓦朗基人的领袖阿斯科里德和季尔进攻君士坦丁堡。

882年　奥莱格统一诺夫哥罗德和基辅。

维京人	英国	法国
985年　发现格陵兰岛。斯汶（八字胡须，985–1014）使丹麦信仰基督教。 约992年　发现文兰。	978—1016年　英王爱特尔雷德未能阻挡丹麦人入侵。	911年　爱蒂河畔圣克莱尔约定：诺曼底公国成立。 941—996年　卡佩（987—996年在位）建立卡佩王朝，到了大胖子路易六世（1108—1137），王朝达到鼎盛。

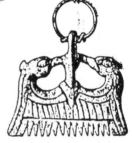

	英国	法国
1000—1028年　冰岛改变宗教信仰，挪威王国信奉基督教。 1019年　克努特大帝建立帝国。 1041年　大旅行家伊格尔瓦尔去世。	1016年　克努特大帝被英国人选为国王。 1066年　高德文的儿子，哈拉尔德当选国王。他在斯坦福桥打败挪威人，他在10月14日又被诺曼的威廉一世在黑斯廷斯打败。	

加洛林王朝

	查理曼814年卒	西法兰克王国
	"虔诚者"路易840年卒	
洛泰尔一世855年卒	"日耳曼人"路易876年卒	秃头查理887年卒
路易二世875年卒	路易三世882年卒	胖子查理888年卒
洛泰基王国	东法兰克王国	法国加洛林王朝987

俄国	东罗马帝国	伊斯兰

911年 与拜占庭签订第一个条约。

944年 伊戈尔（912—945）进攻君
士坦丁堡失败，与拜占庭签订了
第二个商业协定，允许基督教进
入王国。

957年 伊戈尔的遗孀奥尔嘉受洗。

985年 在亚速海夺取萨凯尔。斯维
亚托斯拉夫消灭哈萨克王国，与
拜占庭对抗，被帝国的联盟军佩
奇涅格人在972打败。

988年 弗拉基米尔大公受洗。基督
教信仰在罗斯人中传播。

944年 罗曼诺斯一世列卡贝那在941
年打败了保加利亚人和俄国人，
在943年打败了阿拉伯人。

971年 若昂一世特兹米斯克 把俄
国人从巴尔干半岛赶走。

989年 巴西尔二世（976-1025），
"保加利亚人的 凶手"，将其妹
嫁给弗拉基米尔大公。

诺曼底公国

罗洛（约860—933）
"长剑"威廉（932—约942）
"无所畏惧的"理查一世，942—996年任诺曼底大公
"善良的"理查二世，996—1026年任诺曼底大公

理查三世1027年任诺曼底大公，被他的兄弟罗
贝尔一世杀害。

"辉煌的"罗贝尔一世
1027—1035年，任诺曼底大公。

"征服者"威廉一世
1035—1087年，任诺曼底大公
1063—1087年，任曼恩大公
1066—1087年，任英国国王

图片目录与出处

普通文献

作者：Brent P.，《维京传奇》，Tallandier出版社，1978年

作者：Bronsted J.，《维京人》，企鹅丛书，1965年

作者：Donovan F.，《维京人》，R.S.T.出版社，1965年

作者：Foote P.G.与Wilson D.M.《维京人的成就》，Sidewick et Jackson出版社，1970年

作者：Graham-Campbell J.与Kidd D.，《维京人》，不列颠博物馆出版社，1980年

作者：Haenens Albert，《诺曼人入侵-大灾难》，Flammarion出版社

作者：Madsen O.，《维京人》，Minerva/法国娱乐出版社，1976年

作者：Magnusson M.与Forman W.，《北方维京之锤》，Orbis出版社，伦敦，1976年

作者：Ollivier J.，《维京人，海洋征服者》，la Farandole出版社，1975年

作者：Parisse M.，《巴耶挂毯》，Denoël出版社，1983年

作者：Planchon M.，《维京人掌控诺曼底之时》，Fayard出版社，1980年

作者：Wernick R.，《维京史诗》，时光-生活出版社，1979年

作者：Wilson D.M.，《北部世界》，VBI出版社，1980年

《维京人在英格兰》，英国-丹麦计划，1981年

儿童书籍

作者：Gibson M.，《维京人如何生活》，Nathan出版社，1977年

《最美维京传说》，Fernand Nathan出版社，1979年

《维京时代》，Hachette出版社，1982年

《格陵兰岛的维京部落》，Albin Michel出版社，1985年

小说与诗歌

作者：Boyer R.，《冰岛传奇》，La Pléiade出版社，Gallimard出版社，1987年

作者：Abbon，《诺曼人围困巴黎》，美文出版社，1942年

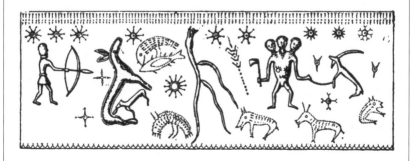

照片来源

AB Nordbog，Goteborg 72–81；APN，巴黎64–65；Anne Magnusson学院，哥本哈根117；国家图书馆35h、47j；学院图书馆，巴黎，86–87、130；丹麦皇家图书馆，哥本哈根，150g 英国博物馆，伦敦，28、57h、84b、85、94–95、112、156h、157b；H Broroson，伦敦132；Charmet，巴黎27、44、48–49h、52、62g、62d、67、69b、136、142、144、146；Chrétien，巴黎83、162；David Cripps，伦敦18、129；丹麦旅游董事局，哥本哈根153、163、165；Dagli–Orti，巴黎dos、40–41、42–43、50–51、55、89m、100、106b、113；D.R.12、13、59m、89b、90、91、102–103、106h、107、108–109、111、145、154、155、159、166–167、168–169；探索者档案，巴黎10；Explorer/Fiore，巴黎15h；Giraudon，巴黎128；Klundiga图书馆，哥本哈根29；Mary Evans影像图书馆，伦敦36–37、57b/115；Mas，马德里68–69h；Bayeux挂毯博物馆，Bayeux118–127；Moesgard博物馆，Aarhus101/148；Nasjonalgalleriet，奥斯陆32–33；国家博物馆，哥本哈根16、82h；丹麦国家旅游协会，哥本哈根151；加拿大/瓦朗斯160；Pearson，伦敦156–157h；Pierpont Morgan图书馆，纽约1–7；Rapho/巴黎114、140；Rapho/Belzeaux，巴黎11、89h；Rapho/Charles，巴黎15b；Rapho、Spiegel，巴黎28、56、82b、88b、92、96；Roger–Viollet，巴黎141、147；Schleseig–Holstein Landes博物馆，Schleswig98–99；Staatsbibliothek Preussicher Kulturbesitz，柏林48b；Stofnun Arna Magnussonar a Islandia 35b，104,133,134–135；Oldsaksamling大学，奥斯陆20–26、59m、71；Voering，奥斯陆38–39、59h、60、63、70、93、97；Werner Forman档案，伦敦17、19、58、82m、84、88h、105、138、139；Ziolo，巴黎9；Ziolo/Takase，巴黎52–53b。

索引

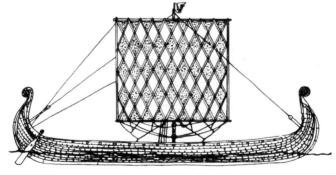

T

W

X

Y

Z

吉林省版权局著作权合同登记
图字 07-2014-4419

图书在版编目（CIP）数据

维京人：强盗与水手 /（法）伊夫·科哈特著；张荣译. -- 长春：吉林出版集团股份有限公司，2018.1
（发现之旅）
ISBN 978-7-5534-9658-0

Ⅰ. ①维… Ⅱ. ①伊… ②张… Ⅲ. ①北欧－中世纪史－通俗读物 Ⅳ. ①K530.9

中国版本图书馆CIP数据核字（2015）第295510号

发现之旅
WEIJING REN QIANGDAO YU SHUISHOU
维京人：强盗与水手

著　　者：	[法] 伊夫·科哈特		译　　者：	张　荣

出版策划：刘　刚　孙　昶
项目执行：孙　昶
项目统筹：孔庆梅
责任编辑：赵晓星　　　　　　　责任校对：刘晓敏　于媛媛
出　　版：吉林出版集团股份有限公司
　　　　　（长春市人民大街4646号，邮政编码：130021）
发　　行：吉林出版集团译文图书经营有限公司
　　　　　（http://shop34896900.taobao.com）
电　　话：总编办：0431-85656961　　营销部：0431-85671728/85671730
印　　刷：吉林省恒盛印刷有限公司
开　　本：880mm×1230mm　1/32
印　　张：5.625
字　　数：140千字
图　幅　数：120
版　　次：2018年1月第1版
印　　次：2018年10月第2次印刷
书　　号：ISBN 978-7-5534-9658-0
定　　价：35.00元

印装错误请与承印厂联系　电话：0431-84727696